고대문명의 탄생 (문명의 뿌리를 찾아서)

현재 우리를 되돌아보는 고대 문명으로의 시간 여행

유럽

아프리카

②

KB102036

BCE

3500년경	❶ 메소포타미아 문명
3000년경	❷ 이집트 문명
2500년경	❸ 인더스 문명
2500년경	❹ 중국 문명

[고대문명의 탄생] 주요 연표

고대문명
Ancient
Civilization

BCE
- · 2070년   하 왕조 개창
- · 1600년   상 왕조 개창
- · 1792년   함무라비 왕 즉위
- · 1503년   하트셉수트 즉위
- · 1500년   아리아인의 인도 이주
- · 1303년   람세스 2세 즉위
- · 1286년   카데쉬 전투
- · 1046년   주 왕조 개창
- · 1000년   아리아인의 갠지스강 유역 개척

고대문명의 탄생

Thinking Power Series - World History Collection 02
The Ancient Civilization

Written by Jung Dong-yeon.
Published by Sallim Publishing, 2018.

제4차 산업혁명 세대를 위한
생각하는 힘 세계사컬렉션 **02**

문명의 뿌리를 찾아서

고대문명의 탄생

정동연 지음

살림

고대 문명은 우리에게 어떤 의미를 갖는가?

우리는 '현대 문명'을 살아가고 있다. TV를 켜면 누구나 쉽게 전 세계의 소식을 접할 수 있고, 인터넷은 멀리 있는 사람과의 소통을 가능하게 만든다. 이를 통해 우리는 지구 전체로 뻗어 나가고 있는 현대 문명의 발전을 쉽게 확인할 수 있다. 그러나 다른 한편으로는 이제 지구가 아닌 새로운 행성이 필요하지 않을까 하는 생각이 들 정도로 현대 문명의 위기를 실감하기도 한다. 이렇게 우리는 자의 반 타의 반 문명이란 말과 더불어 살아가고 있다. 그렇다면 문명이란 대체 무엇인가?

흔히 '문명'이라 번역되는 영어 단어 '시빌리제이션(Civilization)'

은 라틴어의 '키비타스(Civitas)'와 '키비스(Civis)'에 기원을 두고 있다. 이때 '키비타스'는 '도시'를, '키비스'는 '시민'을 의미한다. 이것만으로는 오늘날의 '문명'이란 말이 갖는 의미를 완벽히 이해하기는 어려울 것 같다. 그럼에도 '키비타스'와 '키비스'는 문명의 속성을 밝혀줄 중요한 열쇠를 쥐고 있는 용어이므로, 기억 구석에 잠시 옮겨두도록 하자.

한편 '문명'은 한자로 '文明'이라고도 쓴다. 여기서 '文'은 글이나 문자라는 의미를 담고 있다. 그만큼 한자 문화권에서는 문명의 여러 구성 요소 중에서도 문자를 중시했음을 알 수 있다. 이처럼 문명은 지역마다 조금씩 다른 의미로 받아들여지고 있기에 문명의 의미를 정의하는 것은 매우 까다로운 일이다.

그러나 문명은 인류가 원시적인 모습에서 벗어나 사람다운 삶을 살게 된 순간부터 지금까지 항상 함께해온 것으로, 그중 일부는 유물이나 유적의 형태로 남아 우리가 직접 확인할 수 있다. 물론 당시의 사상이나 종교와 같이 눈에 보이지 않는 것들까지 정확히 알아낼 수는 없다. 그래서 미국의 역사지리학자 로웬덜(David Lowenthal)은 "과거는 낯선 나라"라고 말한다. 지금으로부터 수천 년 전 고대인들이 문명을 이루고 살았던 과거는 실재하는 것이기도 하지만 현재와 전혀 다른 방식으로 존재했기에 낯선 나라이기도 하며, 때로는 현재에 의해 끊임없이 재해석되기 때문이다.

그러니 당장 문명의 의미를 정확히 정의하려는 생각은 잠시 접어두자. 이 책에서는 시간을 거슬러 올라가 고대 문명이 어떻게 발생했고, 발전하고 사라져갔는지를 살펴보려고 한다. 열린 마음으로 다가간다면 고대 문명을 이해할 수 있는 작은 실마리를 찾아낼 수 있으리라 생각한다.

2018년 2월
정동연

머리말

• 차례 •

제3장　이집트 문명

제4장　인도 문명

제5장 중국 문명

최근 연구에 따르면 구석기인 '루시'는 나무에서 떨어져 죽었다고 한다. 실제로 구석기인은 하루 중 상당한 시간을 나무 위에서 보냈는데, 과일을 따서 배를 채울 수도 있고, 맹수를 피할 수도 있었기 때문이다. 신석기 시대 들어 농경을 시작했다고는 하지만, 하루하루를 살아가는 것은 여전히 힘겨운 일이었다. 그러던 중 문명의 탄생은 인류 생활에 획기적 변화를 가져왔다. 이제 인간은 자연을 통제할 수 있는 힘을 갖게 되었다. 도시를 건설하고, 문자를 발명하고, 금속을 사용하는 등 오늘날 우리 생활의 기본적인 틀이 형성된 것이다.

무슨 일이든 처음 시작이 가장 어렵다. 문명 건설과 같이 혼자서는 도저히 할 수 없는 일은 더욱 그러하다. 고대인 역시 오랫동안 고민하고 수많은 시행착오를 겪으면서 문명을 일구어나갔다. 오늘날의 우리는 많은 부분을 고대 문명에 빚지고 있는 셈이다.

제1장

문명의 탄생

01

사람 위에 사람, 계급이 발생하다

신석기 시대까지 인류는 평등한 생활을 해왔다. 누구 하나 우월한 사람 없이, 매일같이 추위를 이겨내고 배를 채우는 데 급급하다보니 평등할 수밖에. 그러나 청동기 시대에 들어 계급이 발생하면서 불평등 사회가 시작되었다. 그렇다면 인류는 왜 불평등 사회를 선택하게 되었을까?

농경이 더욱 발달하다

인간이 삶을 영위해나가는 데 반드시 필요한 것 중 하나가 바로 식량이다. 바쁜 현대인들은 끼니를 거르면서 일하고, 날씬한

몸매를 만들기 위해 의도적으로 굶기도 하지만 인간은 음식을 전혀 먹지 않고는 생명을 유지할 수 없다. 즉, 먹는다는 것은 인간에게 매우 중요한 행위이다.

오늘날에는 먹을거리를 구하는 것이 그다지 어렵지 않다. 동네 곳곳에 슈퍼마켓이나 편의점이 있어 식재료를 쉽게 구할 수 있고, 만들어 먹을 시간이 없다면 원하는 음식을 배달 주문할 수도 있다. 물론 이 모든 것은 돈이 있다는 전제하에서 가능한 일이겠지만, 전 지구적 시각에서 보더라도 식량 자체가 부족한 상황은 결코 아니다.

그러나 수십만 년 전의 구석기인에게 식량을 구한다는 것은 그 자체로도 커다란 도전이자 모험이었다. 주변에 자란 식물의 열매를 채집하거나 물고기를 잡아먹는 것은 그나마 쉬웠다. 채집이나 낚시는 목숨을 걸어야 할 정도의 위험한 일은 아니었으니까. 그러나 채집과 낚시만으로는 배불리 먹을 정도의 식량을 구할 수 없었다.

결국 구석기인은 바깥에 나가 동물을 사냥해 오는 수밖에 없었다. 이것은 매우 위험한 일이었는데, 손에 쥔 도구라고 해봤자 고작 주먹도끼가 전부였기 때문이다. 구석기인보다는 훨씬 지능이 발달한 현대인도 돌멩이 하나 들고 정글에서 생존하기는 어렵다. 아마도 구석기인은 사냥에 성공하기는커녕 오히려 맹수들에게 사냥을 당하는 경우가 더 많았을 것이다. 대부분 아무런 먹을거리를 찾을 수 없어 굶주려야 했고, 안전한 곳이나 먹을거리가 풍부한 곳을 찾아 떠돌이 생활을 하였다.

그러다 신석기 시대에 접어들면서 농경이 시작되었다. 일부 사람들은 자신이 채집한 열매나 씨앗이 땅에 떨어진 후 싹이 트는 모습을 우연히 보게 되었다. 이제 그들은 적당한 공간에 씨를 뿌리고 곡식이 자라기를 기다리기 시작했다. 이는 분명 사냥에 실패하면 굶주려야 했던 구석기 시대의 사정보다는 훨씬 나았다. 물론 아직까지는 농경이 초보적 수준에 머물러 있었기 때문에 사냥을 완전히 중단할 수는 없었겠지만, 먹을거리를 찾아 위험한 이동을 하거나 사냥을 하지 않아도 식량을 얻을 수 있게 된 것이다. 고고학자 차일드(Gordon Childe)는 이러한 변화를 '신석기 혁명(The Neolithic Revolution)'이라 불렀다. 그만큼 농경의 시작은 인류 역사의 전개 과정에서 중요한 변화였다.

이제 식량을 안정적으로 확보할 수 있는 길이 열렸다. 아침에 일어나자마자 오늘 먹을거리를 걱정해야 했던 절박한 환경에서 벗어나면서 인류의 삶의 질은 점차 개선되었다. 일부 지역에서는 꽤 많은 잉여 생산물이 생겨나기도 했다. 이곳에서는 사람들

• 농경의 발달
신석기 시대에 접어들면서 농경이 시작되었다. 농경이 발달함에 따라 농경의 규모도 커져갔다.

이 배불리 먹고도 식량이 남았기 때문에 이를 다른 곳에 보관해 두었다가 훗날을 대비할 수 있었다. 농경만으로도 충분한 식량을 얻을 수 있다는 걸 확인하게 되면서 농경은 좀 더 조직화되며 체계적으로 이루어졌다. 이렇게 농경의 발달이 잉여 생산물을 가져다주면서 바야흐로 문명의 탄생이 눈앞에 다가왔다.

목축으로 식량을 얻다

신석기 시대에는 일부 지역에서 야생 동물을 길들여 가축으로 기르는 목축이 시도되기도 했다. 사냥한 동물을 곧장 잡아먹는 것이 아니라 이들을 길러 개체 수를 늘린 것이다. 그렇다면 목축은 어떻게 시작되었을까?

어느 화창한 날, 한 남자가 사냥하기 위해 집을 나섰다. 며칠 전 사냥해온 고기를 어젯밤 다 먹어치웠기 때문이다. 적당한 사냥감을 찾기 위해 두리번거리던 중 횡재를 만났다. 푹 팬 구덩이에 노루 세 마리가 빠져 꼼짝없이 갇혀 있는 게 아닌가! 그는 쾌재를 부르며 이들을 꽁꽁 묶어 집으로 가져왔는데, 아무래도 한꺼번에 다 잡아먹기에는 너무 많았다. 그래서 일단 두 마리는 울타리 안에 가두어놓고, 한 마리만 잡아서 가족들과 만찬을 즐겼다. '오늘은 운수 좋은 날이었어.' 그는 기분 좋게 잠자리에 들었다.

그러고 나서 며칠이 지났다. 아침에 일어나 울타리 안을 들여다본 그는 자신의 눈을 믿을 수 없었다. 그가 가두어둔 노루 중 한 마리는 울타리 안의 풀을 마음 놓고 뜯어먹어서인지 눈에 띄게 살이 붙어 있었고, 나머지 한 마리는 그새 새끼를 낳아 젖을 먹이고 있는 게 아닌가! 이것은 우리에게는 매우 당연하게 여겨지는 자연의 법칙이지만, 신석기 시대를 살고 있는 그에게는 매우 놀라운 발견이었다. 동물이 커지다니! 그리고 동물의 수가 늘다니!

이제 신석기인들은 야생 동물 중 일부를 키우고 번식시키는 실험을 시작했다. 그런데 이 실험이 항상 성공적이었던 것만은 아니다. 무작정 가두어둔다고 동물의 몸집이 커지거나 그 수가 느는 것은 아니었다. 어느 날은 여러 사람이 합심하여 호랑이를 잡아 울타리에 가두어두었는데 호랑이가 울타리를 뛰쳐나와 사람들을 해치고는 유유히 달아나버렸다. 또 어느 날은 코끼리를 잡아 가두어두었더니 하루 만에 울타리 안의 풀을 모두 뜯어먹어버렸다.

이처럼 값비싼 대가를 치르고 나서야, 모든 동물이 목축에 적합한 것은 아님을 알게 되었다. 이후에도 실험은 끈질기게 계속되었다. 그 결과 양·염소·소·돼지·말 정도는 집에서 기르기에 적합한 동물임을 알게 되었다. 이들은 안전하게 길들일 수 있는 적당한 크기와 온순한 본성을 가졌고, 감당할 수 있는 식성과 훌륭한 번식 능력을 갖추고 있었기 때문이다.

이렇게 시작된 목축은 인류의 생존에 여러 이점을 안겨주었다. 가축에서 짜낸 젖은 훌륭한 음료였을 뿐 아니라, 치즈나 버터와 같은 가공 식품의 재료가 되었다. 가축의 고기는 풍부한 영양분과 씹고 뜯는 입안의 즐거움을 가져다주었다. 가축의 털과 가죽은 추위를 이겨낼 수 있는 옷이나 모자의 재료가 되었다. 소나

• 오늘날의 목축
신석기 시대에 시작된 목축은 인류의 생활에 큰 변화를 주었다. 오늘날까지도 이어지고 있다.

말은 밭을 갈아엎는 쟁기를 끌어 사람의 노동력을 크게 줄여주었고, 수레나 마차를 끄는 데 이용되기도 했다.

따라서 목축은 농경과는 또 다른 의미에서 인류의 생활에 큰 변화를 가져왔다. 일부 지역에서는 목축이 대규모로 이루어지면서 중요한 식량 획득 수단이 되었고, 여기서도 잉여 생산물이 발생하여 문명의 탄생을 이끄는 또 다른 자극이 되었다.

계급의 발생, 사람 위에 사람이 서다

농경과 목축 등을 통한 식량의 증가는 인구의 증가로 이어졌다. 이렇게 늘어난 인구는 또다시 경작지 개간에 투입되어 더욱 많은 식량을 생산해냈다. 이처럼 식량과 인구라는 두 요소는 시너지 효과를 내며 사회 발전을 이끌어나갔다. 그런데 이러한 발전 과업을 성공적으로 수행한 공동체에서는 질적 변화도 함께 나타났다. 사람 위에 사람이 서는 상황, 즉 계급이 발생한 것이다. 어떻게 된 일일까?

규모를 키운 공동체는 다수의 구성원을 집단 노동에 투입하여 식량을 대량으로 생산해냈다. 이렇게 생산한 식량은 구성원에게 적절히 분배되어야 했는데, 이것은 생각보다 쉽지 않은 일이었다. 다양한 갈등을 해결하고 공동체를 유지하면서 자연스레 군장이나 족장이라 불리는 지도자가 등장했다.

그런데 이러한 지도자들은 점차 다른 사람들과는 구분되는 특별한 존재로 변모해나갔다. 그는 잉여 생산물의 많은 부분을 독차지하여 풍족한 생활을 누렸을 뿐만 아니라, 다른 사람들에게 고된 노동을 강제하고 각종 규율을 만들어 이를 어기는 사람을 처벌하기도 했다. 이것이 곧 권력이다. 이제 권력을 가진 자와 그렇지 못한 자가 뚜렷하게 나뉘기 시작했는데 전자를 지배 계급,

후자를 피지배 계급이라 부를 수 있겠다.

그런데 남부럽지 않은 생활을 할 것만 같은 지배 계급에게도 한 가지 걱정이 있었다. 피지배 계급이 열심히 일하면서도 불만을 갖지 않아야 하고, 설령 불만을 갖더라도 자신들을 공격해 오지는 말아야 했으며, 최악의 상황으로 이들이 공격해 온다 하더라도 충분히 막아낼 수 있어야 했다. 더욱이 지배 계급은 언제나 소수였고, 나머지 피지배 계급은 공동체의 대다수를 차지했기 때문에 불안감은 더욱 클 수밖에 없었다. 그렇다면 지배 계급은 어떻게 스스로를 지켜낼 수 있었을까?

02

사회 제도를 만든 도시의 출현

오늘날 대부분의 사람들은 도시에서 살아가고 있다. 그러다보니 우리에게 도시는 매우 자연스러운 존재이다. 그러나 도시가 생겨나는 과정은 결코 간단하지 않았다. 오랜 기간에 걸친 변화의 과정 끝에 비로소 도시가 건설될 수 있었다. 그렇다면 도시는 어떻게 생겨났으며, 문명 발달에는 어떤 의미를 지니는 것일까?

도시라는 새로운 공간이 나타나다

지배 계급은 스스로를 지키기 위해 울타리를 치고 그 안에 들어가 살기로 마음먹었다. 이곳에서는 피지배 계급과 적당한 거리를 유지할 수 있었기 때문에 훨씬 안심이 되었다. 지배 계급은 고립된 공간에서 살면서도 불편함이 없도록 울타리 안에 각종 편의 시설을 설치해나갔다. 울타리는 점차 성벽으로 바뀌었고, 이렇게 탄생한 것이 바로 도시였다. 그리고 이곳에 사는 사람들이 바로 시민이었다. 앞서 문명의 어원이 '도시'를 뜻하는 '키비타스(Civitas)'와 '시민'을 뜻하는 '키비스(Civis)'라 설명한 바 있다. 이제 그 이유를 어렴풋이 알듯 하지 않은가?

이처럼 도시는 지배 계급의 편리하고 안전한 생활을 위해 피지배 계급과는 구분되는 공간으로 출발했다. 그렇지만 도시라고 해서 지금과 같은 선진적인 이미지를 떠올려서는 안 된다. 아직까지 도시는 매우 초보적인 수준이라 농촌과 크게 다르지 않은 곳이 많았다. 하지만 시간이 지나며 도시는 발전해나갔고, 점차 국가의 형태를 갖추어나갔다.

도시는 국가의 축소판

그렇다면 고도로 발달한 도시의 모습은 어떠했을까? 지금부터 고대의 도시로 들어가 보도록 하자. 먼저 창을 든 병사가 지키고 있는 성문을 지나야겠다. 이들은 통행하는 사람들을 단속하느라 바쁘다. 성문 양쪽으로 가파른 성벽이 위용을 뽐낸다. 성문을 들어서면 크고 작은 시설이 눈에 띈다. 가장 먼저 보이는 넓은 공터, 많은 사람들이 모여 자신의 의견을 표현하는 광장이다. 그 옆에는 각종 물건을 파는 상점이 들어섰다. 앞으로는 과일을 잔뜩 실은 행상이 지나가고 있다. 반대쪽에는 땅땅거리는 쇳소리가 요란하다. 뜨거운 열기 속에서 대장장이가 땀을 뻘뻘 흘리며 시뻘건 칼을 망치로 두들기고 있다.

좀 더 안쪽으로 들어가보자. 화려하면서도 엄숙한 분위기의 건물이 솟아 있다. 엄숙하게 차려입은 신관들이 들어가고 있는 것으로 보아 수호신이나 하늘에 대한 제사가 이루어지는 곳인 듯하다. 그 옆에 번듯한 저택도 보인다. 아마 이곳에는 지배 계급이 살고 있을 텐데, 도시 밖에 있는 허름한 집들과는 참으로 대조적이다. 그 옆에 보이는 커다랗지만 다소 밋밋한 건물, 이곳은 곡식 창고이다. 때마침 몇몇 농민이 곡식을 날라 와 차곡차곡 쌓고 있다. 자신이 직접 가꾼 곡식을 창고로 옮기는 이들은 어떤 생각을 하고 있을까? 표정이 썩 밝아 보이지는 않는다. 그 옆에 서 있는 한 사람은 곡식이 드나드는 수량을 열심히 장부에 기록하고 있다.

물론 모든 도시가 이런 모습을 하고 있었던 것은 아니다. 각각의 공동체는 나름의 생활 방식이 있었을 테니 말이다. 여기서 우리는 도시가 여러 사회 제도를 만들어내는 중요한 공간이었다는

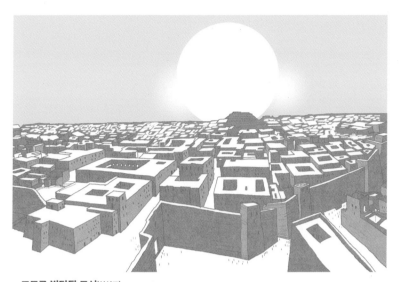

• 고도로 발달된 도시(상상도)
일부 도시는 거대한 규모를 자랑하기도 했다.

점에 주목할 필요가 있다. 사람들이 모인 광장은 정치 발전의 토대가 되었고, 상점과 상인의 존재는 경제 발전을 자극했다. 식량 생산에 종사하지 않아도 되는 기술자들은 끊임없이 새로운 발명품을 만들어냈고, 여러 종교는 지배 계급의 통치를 정당화할 뿐만 아니라, 피지배 계급의 불만을 누그러뜨리는 역할도 했다. 이렇게 도시가 복잡해지면서 종교의식, 세금 등의 다양한 내용을 기록할 필요가 생겨 문자가 발명되기도 하였다.

이처럼 도시는 선진적인 제도와 기술을 끊임없이 창출해내는 산실이었다. 그리고 이것들은 지배 계급의 효과적 통치에 큰 도움이 되었다. 이제 피지배 계급은 강제 노동에 시달리거나 경제적으로 궁핍한 생활을 하면서도 불만을 표출하기 어려워졌다. 이들이 현실 생활에 만족하며 살아가도록 가르치는 교육 제도와 종교 시설이 있었고, 설령 이들이 반발하더라도 충분히 진압할 수 있는 군대가 있었다. 이처럼 매우 체계적으로 조직된 공동체를 국가라 부를 수 있겠다. 하나의 도시 안에는 우리가 국가 체계라 부를 수 있는 것들이 압축적으로 포함되어 있었다.

03

사회 구성원의 약속, 문자의 발명

지구상에서 문자를 사용하는 것은 인류밖에 없다. 벌은 몸짓으로, 고래는 초음파로 자신의 의사를 전달할 뿐 문자를 사용하지는 않는다. 어쩌면 인류가 지구를 지배할 수 있었던 비밀은 문자에 있었을지도 모르겠다. 그렇다면 고대 인류는 어떻게 문자를 만들어 쓰게 된 것일까?

문자는 지식을 담는 그릇

도시의 규모가 커지고 복잡해지면서 이를 유지하기 위한 각종 지식이 생겨났다. 예를 들어 농사를 망치지 않고 잘 짓는 방법,

토지의 면적을 정확히 측량하는 방법, 건물을 튼튼히 짓는 방법 등은 절대 잊어서는 안 되는 지식이었다. 따라서 현존하는 지식을 다음 세대로 전승하는 것은 매우 중요한 일이 되었다. 애써 획득한 지식을 허공에 날려버리는 것만큼 허망한 일은 없었다.

아마 처음에는 몇몇 지혜로운 노인이 자신이 알고 있는 바를 젊은이들에게 말로 전달했을 것이다. 그러나 이런 방식은 치명적인 문제점을 지니고 있었다. 얄궂게도 신은 인간에게 기억의 능력과 망각의 능력을 함께 내려주었기 때문이다. 노인은 자신이 예전에 알게 된 것을 시나브로 잊어버리거나 잘못 기억하게 되었다. 이것은 노인에게 가르침을 받은 젊은이도 마찬가지였다. 이렇게는 지식이 제대로 전달될 리 없었다. 더욱이 인간이 경험을 통해 알게 된 지식이 점차 많아지자 이것을 모두 기억하거나 말로 전달하는 것은 거의 불가능한 수준에 이르렀다. 그렇다면 이런 문제점을 어떻게 해결할 수 있었을까? 이런 고민에서 발명된 것이 바로 문자였다.

문자는 어떻게 만들어졌을까?

문자로 전하는 것은 말로 전하는 것보다 여러 장점을 갖고 있다. 오랜 시간이 지나도 그 내용이 바뀌거나 왜곡되지 않고, 또

아주 먼 곳까지 전달할 수 있다. 이처럼 문자는 매우 편리한 도구이지만, 문자를 만드는 것은 상상을 초월할 정도로 어려운 일이다. 우리 한국인은 존경하는 인물로 세종대왕을 많이 꼽는다. 전 세계가 우수성을 인정하는 한글 창제에 쏟은 엄청난 노력을 잘 알기 때문이다. 그러니 수천 년 전의 사람들이 문자를 만들어 쓰는 것은 얼마나 어려웠겠는가.

사람들은 먼저 지시 대상을 간단한 기호로 표현하기 시작했다. 실제 나무 모양과 비슷하게 그려서 이것을 나무를 의미하는 기호로 정하는 식이었다. 그러나 이것만으로는 다양한 내용을 전달할 수 없었다. 예를 들면 "나무에 불을 붙이면 따뜻해진다"는 내용을 전달하기 위해 나무나 불은 어떻게든 비슷하게 그릴 수 있었겠지만, 따뜻하다는 개념은 형체가 존재하지 않으므로 그릴 수가 없었다. 그러나 기호는 점차 복잡해져 사랑·신뢰 등 추상적인 개념도 표현하기 시작했다.

어느 한 사람이 지시 대상과 이를 가리키는 기호를 짝지었다 하더라도 모든 사람들이 이를 똑같이 사용하지 않으면 아무런 의미가 없다. 즉 문자는 사회 구성원의 약속에 따라 정해지는 것이다. 이렇게 험난한 과정을 거쳐야만 지식은 비로소 문자의 형태로 널리 확산되거나 대대로 전승될 수 있었다.

문자는 고급 지식이었다

문자를 만드는 것이 어려운 만큼, 그 문자를 능숙하게 읽고 쓰는 것도 무척이나 어려운 일이었다. 흔히 한글은 소리글자여서 배우기 쉬운 말이라고 한다. 그런데 그것은 우리가 어릴 때부터 모국어로 한글을 써왔기 때문에 그럴 뿐이지, 한글을 새로 배우는 외국인에게는 결코 쉽지 않은 일이다. 오랜 기간 한글을 써온 우리조차 맞춤법이 헷갈려 사전을 찾아야 하는 경우가 많지 않은가.

문자가 갓 발명된 먼 옛날에는 문자 습득이 더욱 어려웠을 것이다. 그나마 지배 계급이나 문자를 배울 수 있었지, 피지배 계급에게는 그럴 기회조차 주어지지 않았다. 이들은 농사나 건축과 같은 고된 일에 동원되어 공부할 여유가 없었을 뿐만 아니라, 힘들게 문자를 배웠다 하더라도 그다지 쓸데가 없었다.

반면 지배 계급은 문자를 학습하여 다양한 용도로 이용했는데, 특히 세금을 징수하는 데 요긴하게 사용했다. 문자를 이용해 누구에게 얼마의 세금을 걷어야 하는지, 그리고 실제로 세금이 얼마나 걷혔는지를 꼼꼼히 기록했다. 이제 효과적으로 세금을 걷을 수 있었고, 피지배 계급의 불만도 줄일 수 있었다.

문자는 도시 내에서 만들어진 법률을 기록하는 데도 이용되었다. 문자로 기록된 법률은 그만큼의 권위를 가질 뿐만 아니라, 멀리까지 전파될 수도 있었다. 그밖에 상거래 과정에서 각종 계약서를 작성하거나 신관들이 신의 뜻을 점칠 때 이용되기도 했다. 이처럼 지배 계급의 통치는 문자의 사용을 통해 좀 더 정교하게 작동할 수 있었다.

이 과정에서 등장한 전문 직업이 바로 서기였다. 이들은 문자를 잘 알고 있었을 뿐만 아니라, 문자를 개량해 완성도를 높이는 작업을 계속해나가는 당대 최고의 지식인이었다. 물론 서기의 입장에서도 문자에 익숙해지는 것은 꽤나 어려운 일이었으므로,

• **서기의 일상(상상도)**
문자가 발명되면서 서기라는 전문 직업인이 생겨났다. 이들은 당대 최고의 지식인으로 여겨졌다.

오랫동안 문자를 읽고 쓰는 연습을 계속할 수밖에 없었다. 이들이 매일 하는 일이라곤 책상 앞에 앉아 문자를 읽고 쓰는 일뿐이었다. 참으로 따분한 일상이었을지도 모르겠다. 그 대신 이들은 가혹한 육체노동에서는 해방될 수 있었다.

그래서였을까, 이집트의 한 아버지는 아들에게 이렇게 훈계했다고 한다.

"명심하라, 너 자신을 힘든 일로부터 해방시켜주고 좋은 평판을 얻을 수 있는 하급 관리가 되도록 하라. 서기는 힘든 육체노동에서 해방될 수 있다. ……너는 서기가 되는 것이 어떠냐? 서기가 되면 너는 분명 노 젓는 뱃사람보다는 나은 대우를 받을 것이다."

— 차일드, 『신석기 혁명과 도시 혁명』

여기서 우리는 아들이 서기가 되어 힘든 육체노동에서 벗어나길 바라는 아버지의 마음을 읽을 수 있다. 지금으로부터 수천 년 전에도 자식을 아끼는 부모의 마음은 여전했던 것 같다. 오늘날의 아버지라면 서기보다는 의사·법조인·공무원 등을 추천했을 것이지만, 문자가 처음 발명되던 때는 서기라는 직업이 그 어떤 직업보다도 선망의 대상이었다.

04

인류 사회의 혁신, 금속이 사용되다

인류는 오랫동안 석기를 사용해왔다. 돌은 주변에서 쉽게 구할 수 있는 재료였기에 사냥·농경·채집 등에서 다양하게 이용되었다. 그러다 인류는 금속이라는 새로운 물질을 발견하여 사용하기 시작했는데, 이는 엄청난 혁신이었다. 인류는 금속을 어떻게 발견해냈으며, 금속은 인류 사회를 어떻게 바꾸어놓았을까?

금속은 우연히 발견되었다

재미있는 사실은, 금속은 매우 우연히 발견되었을 가능성이 크다는 점이다. 과연 어떤 일이 일어났던 것일까?

어느 겨울, 한 무리의 사람들이 추위를 피해 동굴로 들어와 모닥불을 피웠다. 저녁 식사를 마치자 졸음이 몰려왔는지 하나둘 곯아떨어지기 시작했다. 긴 밤이 지나고 어느새 아침이 되었다. 눈을 비비며 일어난 한 사람이 모닥불을 다시 피우려는 순간, 무언가 반짝하고 빛나는 덩어리가 눈에 띄었다. 이것은 매우 단단했으며 날카롭기도 했다. 아마 이들이 모닥불을 피운 땅은 금속 성분을 함유한 광석이었을 것이다. 모닥불 정도의 온도에도 쉽게 녹아내리는 구리 정도가 아니었나 싶다.

이렇게 사람들은 광석을 가열하면 금속 성분이 녹아내리고, 식은 후에는 단단해지는 원리를 알게 되었다. 금속의 원리를 알게 되면서, 광석의 경제적 가치도 함께 깨달았다. 광석 자체가 없으면 금속을 만들 수도 없을 테니 말이다. 이제 사람들은 광산을 찾아 나섰다. 자신이 사는 곳 근처에서 광산을 발견하지 못하거나, 발견한 광산에서 얻을 수 있는 광석의 양이 충분치 않을 때는 곡식 등을 가지고 다른 지역에 가 바꾸어 오기도 했다. 이 과정에서 공동체의 활동 영역은 점차 넓어졌고, 때로는 여러 공동체가 교역로나 광산 쟁탈을 위해 치열하게 대립하기도 했다. 이처럼 금속의 사용은 각 지역 공동체의 활동을 자극하는 촉매가 되었다.

제1장 문명의 탄생

금속 도구는 아무나 만들 수 있는 것이 아니었다

사람들이 광석을 녹여 금속을 추출하는 지식을 알게 되었다고 해서, 이 금속이 곧 도구가 되는 것은 아니다. 원하는 모양의 금속 도구를 만드는 또 하나의 단계가 남아 있다. 예를 들어 뾰족한 칼이나 둥근 거울을 만들 때, 광석을 무작정 녹인다고 해서 이러한 도구가 만들어지는 것은 아니다.

그렇다면 원하는 모양의 도구는 어떻게 만들 수 있었을까? 그 비밀은 바로 거푸집에 있었다. 거푸집은 특정한 모양의 도구를 만들 수 있도록 해주는 틀이라고 생각하면 된다. 거푸집은 처음에는 주로 밀랍과 진흙을 이용해 만들었는데, 제작 과정은 다음과 같다.

우선, 원하는 도구의 형태를 밀랍으로 만든다. 그리고 여기에 진흙을 얇게 덧씌워 토기를 만들듯 불에 가열한다. 그러면 진흙은 단단하게 굳지만 그 속의 밀랍은 녹아내려 빈 공간이 생기는데, 이것이 거푸집이다.

이제 금속을 가공할 차례이다. 먼저 광석을 높은 온도로 가열하여 녹인다. 이것을 거푸집 안쪽 공간에 조심스럽게 쏟아붓는다. 이제 금속이 식으면서 굳을 때까지 기다리면 된다. 금속이 단단하게 굳은 후 거푸집을 깨뜨리면 완성이다.

• 대장장이의 작업(상상도)
금속 도구는 아무나 만들 수 있는 것이 아니었다. 고도의 지식과 기술을 갖춘 기술자만이 가능한 일이었다.

얼핏 보면 매우 간단해 보일지도 모르겠다. 그러나 이것은 금속 도구를 만드는 기본적인 원리일 뿐, 실제 제작 과정은 이보다 훨씬 복잡하다. 또 금속 도구의 강도를 높이거나 날카로움을 더하기 위한 기술도 필요하다. 따라서 이 작업은 누구나 쉽게 할 수 있는 것이 아니었고, 이 일에 전적으로 종사하는 대장장이가 필요했다. 대장장이는 하루 종일 대장간에서 금속 도구를 만드는 일을 도맡았다.

대신 그는 농사를 짓지 않았다. 자신이 만든 물건을 다른 사람이 가진 식량과 바꾸면 되기 때문이다. 게다가 대장장이가 만든 금속 도구는 식량보다 훨씬 비쌌다. 금속 도구가 매우 희귀한 것이었기 때문이다. 이 시기 대장장이는 고도의 기술자이자 엘리트였다고 할 수 있다.

금속, 세상을 바꾸다

금속 도구의 사용은 인류 문명을 크게 바꾸어놓았다. 먼저 금속으로 만든 농기구는 농업을 비약적으로 발전시켰다. 금속 농기구를 이용하면 땅을 쉽게 개간하여 농경지를 넓힐 수 있었기 때문에 수확량은 계속해서 늘어났다. 농업생산량이 늘어난 만큼 인구도 늘었다.

한편, 금속 무기의 사용은 여러 공동체 간의 전쟁을 촉진했다. 금속 무기를 보유한 공동체는 그렇지 못한 공동체를 정복하여 그들이 가진 모든 것을 빼앗을 수 있었다. 이 과정에서 공동체 간의 통합이 활성화되어 대규모 공동체가 생겨나기도 했다. 국가는 더 큰 국가로 발전해 나갔다.

금속 도구는 제사에 사용되기도 했다. 제사장은 금속으로 만든 칼이나 방울·거울로 치장하여 자신의 권위를 드러냈다. 오늘날에도 무당의 필수 아이템은 칼·방울·거울이라는 사실이 참으로 재미있다.

이런 금속 도구는 이후 역사 전개에서 동양과 서양의 서로 다른 운명을 결정지었다. 예컨대, 15세기 이후 서양 열강은 신항로 개척을 통해 세계 각지로 뻗어나갔는데, 이때 서양인이 새로운 땅에 정착하고 원주민을 내쫓는 데 큰 역할을 했던 것도 바로 금속이었다. 특히 서양인이 가진 머스킷 총과 대포는 원주민과의 전투에서 막강한 위력을 발휘했다. 수많은 원주민들이 금속에 의해 목숨을 잃었다.

18세기에 영국을 비롯한 서양 열강이 산업혁명을 통해 세계 시장을 주도할 수 있었던 것도 금속에 힘입은 바 크다. 금속으로 만든 기계는 대량생산을 가능케 했고, 이는 금속으로 만든 기차나 배에 실려 전 세계로 팔려나갔다. 이렇게 축적한 경제력을 발판으로 19세기 서양 열강은 제국주의 국가로 탈바꿈했다. 이때 아시아·아프리카 대부분의 국가가 서양 열강의 식민지로 전락하고 말았는데, 이 역시 금속으로 만든 총과 함포에 굴복한 결과였다.

현재 우리의 삶에서도 금속은 매우 중요한 역할을 담당하고 있다. 우리가 사용하고 있는 물건 중 금속을 주재료로 하여 만들어진 것은 일일이 셀 수 없을 정도로 많다. 금속 없이는 그 어떠한 생활도 불가능해 보인다. 앞으로의 미래는 그 누구도 장담할 수 없겠지만, 미래 사회에서도 금속은 여전히 중요한 위치를 차지하고 있을 것으로 보인다.

그렇다면 아주 먼 옛날 금속이 처음 발견되어 사용되었다는 것은 인류 역사에서 매우 중요한 장면이었던 것 아닐까? 반드시 그 의미를 다시 한 번 음미해볼 필요가 있다.

청동은
가장 먼저 사용된 금속이었다

인류가 금속의 원리를 알게 되면서 가장 먼저 사용한 것은 청동이었다. 청동은 구리에 주석 또는 아연이 10퍼센트 이상 섞인 합금이다. 주석이 많이 섞일수록 은빛을 띠고, 아연이 많이 섞일수록 금빛을 띤다. 청동기마다 광채가 미묘하게 다른 것은 이 때문이다.

그렇다면 인류는 왜 청동을 가장 먼저 사용했던 것일까? 그 비밀은 바로 금속의 녹는점에 있다. 녹는점이란 고체 상태에서 액체 상태로 변화하는 온도를 가리킨다. 주석과 아연은 각각 녹는점이 200도, 400도 정도에 불과하고, 구리는 1,000도 정도에서 녹는다. 따라서 이들 금속은 별도의 용광로 시설 없이 모닥불을 피우더라도 충분히 녹일 수 있는 것이었다.

또한 구리는 열을 가하면 쉽게 변형되었기에 원하는 모양의 도구를 쉽게 만들 수 있는 장점이 있었다. 여기에 주석이나 아연을 섞으면 구리의 강도를 높일 수 있었다. 구리와 주석, 또는 구리와 아연의 합금은 찰떡궁합이었던 셈이다.

그러나 누구나 쉽게 청동을 확보할 수 있는 것은 아니었다. 구리와 주석, 또는 구리와 아연을 모두 갖고 있어야 했기 때문이다. 구리가 있어도 주석이나 아연이 없다면 이를 녹여 만든 금속 도구는 쉽게 휘어져 버렸기에 쓸모가 없었다. 따라서 청동으로 만든 도구를 사용하는 집단은 매우 제한적으로 분포했다.

반면 청동을 확보한 집단은 이를 효과적으로 사용했다. 특히 청동은 전쟁과 제사에서 요긴하게 활용되었는데, 청동으로 만든 검과 방패로 무장한 자는 그렇지 못한 자를 손쉽게 제압했고, 청동으로 만든 방울과 거울을 든 무당은 자신을 신성하게 치장할 수 있었다. 이처럼 청동을 가진 자는 청동을 가지지 못한 자를 지배하며 자신의 힘을 더욱 키워 나갔다.

그러나 시간이 지나면서 청동은 빠르게 철로 대체되어 갔다. 철은 청동보다 훨씬 단단할 뿐만 아니라 매장량도 풍부했기 때문이다. 그러나 오늘날까지도 청동은 각종 공예품의 재료가 되는 등 요긴하게 사용되고 있다.

네 지역에서
먼저 문명이 발생한 이유는 무엇일까?

세계 각지에서 문명이 발생한 지역으로는 메소포타미아·이집트 ·인도·중국을 들 수 있다. 이 지역에서 문명이 먼저 발생할 수 있었던 원인은 무엇일까? 지도를 보면 그 해답을 찾을 수 있다.

문명이 발생한 네 지역은 모두 큰 강을 끼고 있다. 큰 강은 주변에 넓은 평야를 품고 있어 물과 먹을거리가 풍부하고 농사짓기에 좋은 조건이어서, 일찍부터 사람이 모여 살며 대규모 공동체를 이루었다.

그리고 네 지역은 바다와 멀지 않다. 바다에 나갈 수 있다는 것은 다양한 해산물을 얻을 수 있을 뿐만 아니라, 주변 지역과도 다양하게 교류해나갈 수 있음을 의미한다. 따라서 주변에 바다가 있다는 것도 문명 발생에 유리한 조건이다.

한편, 이들 지역은 북위 20~40도 사이에 위치해 있다. 즉 이곳

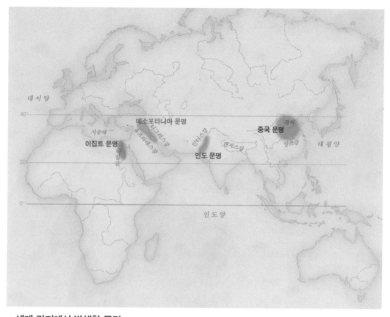

• 세계 각지에서 발생한 문명

세계 각지에서 발생한 문명을 대표하는 것은 메소포타미아·이집트·인도·중국 문명이다.

의 기후는 사람이 살기 적당한 수준이었다. 너무 덥거나 너무 추우면 사람이 살기 어려웠으리라는 것은 쉽게 짐작할 수 있을 것이다.

그렇다면 이들 네 지역뿐만 아니라 그 외의 지역에서도 문명이 발생할 수 있었을 것이다. 어떤 지역에서 문명이 탄생할 가능성이 컸을지, 그리고 그곳에서는 왜 문명이 생겨나지 못했는지에 대해 생각해보면 재미있을 것이다.

메소포타미아는 티그리스강과 유프라테스강 사이를 가리키는 말이다. 오늘날에는 오랜 전쟁으로 황량한 지역이 되어버렸지만, 사실은 지구상에서 처음으로 문명이 들어선 지역이다.

가장 먼저 수메르인이 우르·우루크 등지에 도시를 세웠다. 이후 여러 민족이 이 지역의 주도권을 놓고 다투다 바빌로니아에 의해 통일되었다. 그러나 평화도 잠시, 바빌로니아가 쇠퇴하고 히타이트·페니키아·헤브라이 등이 각지에서 세력을 떨쳤다.

그래서인지 메소포타미아 문명은 다채로움을 특징으로 하고 있다. 농경민족과 유목민족, 해상세력과 육지세력이 맞부딪치며 저마다의 문명을 가꾸어나갔다. 그런 의미에서 메소포타미아 문명은 세계화 시대를 살아가는 우리에게 시사하는 바가 크다.

제2장

메소포타미아 문명

01

비옥한 초승달 지대에 문명이 꽃피다

계급의 발생·도시의 탄생·문자의 발명·그리고 금속의 사용이 공통적으로 나타나 인류의 생활이 질적으로 발전한 상태를 가리켜 문명이라 일컫는다. 이러한 문명은 세계 각지에서 비슷한 시기에 출현했는데, 그 가운데서도 가장 먼저 등장한 것은 메소포타미아 문명이었다. 메소포타미아인은 어떠한 문명을 가꾸어나갔을까?

비옥한 초승달 지대는 어디일까?

메소포타미아 문명은 '문명의 요람(The Cradle of Civilization)'이

라고도 불린다. 메소포타미아 문명이 가장 먼저 생겨나, 이후 서아시아 지역의 페르시아 문명과 서구 문명의 발원지인 그리스 문명이 탄생하는 데도 큰 영향을 주었음을 비유적으로 표현하는 말이다.

'메소포타미아'는 그리스어로 '두 강 사이'라는 뜻이다. 여기서 '두 강'은 티그리스강과 유프라테스강으로, 이 지역에서 문명이 발생하는 데 결정적인 역할을 했다. 이곳 사람들은 티그리스강과 유프라테스강 덕분에 비옥한 토지를 경작할 수 있었고, 농사에 필요한 물을 쉽게 확보할 수 있었으며, 바다로 나가 각지와 쉽게 교류할 수 있었다. 메소포타미아 지역에 대해서는 미국의 역사학자이자 고고학자인 브레스테드(James Henry Breasted)가 다음과 같이 표현한 바 있다.

> 이 거대한 반원형의 지역은 현재 이름이 없지만 '비옥한 초승달 지대'라 불러도 좋을 것이다. ……서아시아의 역사는 '비옥한 초승달 지대'를 차지하기 위한 투쟁으로 묘사될 수 있을 것이다.
> - 브레스테드,『고대: 초기 세계의 역사』

여기서 그는 티그리스강과 유프라테스강을 젖줄로 삼아 풍족

제2장 메소포타미아 문명

한 생활을 해나가던 메소포타미아 지역을 '비옥한 초승달 지대'라 비유했다. 그만큼 이 지역은 기후와 교통이 좋고, 넓은 평야가 펼쳐져 있었기에 수많은 사람이 모여들어 공동체를 형성할 수 있었다. 그렇다면 메소포타미아 지역에 건설된 문명은 어떤 특징을 갖고 있었을까?

최초의 정착자는 수메르인

메소포타미아에 가장 먼저 문명을 건설한 것은 수메르인이었다. 이들은 오래전부터 메소포타미아 남부 지역에 정착해 살고 있었던 민족이다. 수메르인은 기원전 3500년경 우르(Ur), 우루크(Uruk) 등지에 도시를 건설하여 번영을 누렸다. 그중 우루크는 5만 명 이상의 인구를 보유했을 것으로 추정되는데, 이는 당시 전 세계 인구의 0.2퍼센트 정도에 해당한다. 현재 전 세계 인구로 보자면, 인구 1,500만을 갖춘 거대 도시 수준이랄까. 그 정도로 수메르인이 각지에 세운 도시는 상당한 번영을 누린 것으로 짐작된다.

수메르인이 풍요로운 생활을 했음을 보여주는 또 다른 증거도 있다. 수메르인은 세계 최초로 맥주를 만들어 마셨다. 이들은 밀·보리 등을 경작하는 지혜를 갖추고 있어 다른 지역의 수십 배에 달하는 곡식을 수확할 수 있었다. 식량이 풍부했기에 이를 술로 빚어 마실 여유도 있었던 것이다. 수메르인의 유행어 "인생의 기쁨, 그 이름은 바로 맥주"를 통해 그들의 삶은 현대인보다도 풍요롭고 넉넉했음을 알 수 있다.

그럼 수메르인이 세운 도시 내부의 계층 구조를 살펴보도록 하자. 각 도시에는 왕·관료층·신관이 지배 계급으로 군림했다. 이들의 아래에는 평민과 노예가 피지배 계급으로 위치했다. 왕은 신의 권위를 빌려 통치하기는 했으나, 신의 대리인에 지나지 않아 그 권위가 그다지 강하지는 않았다. 관료층과 신관은 왕의 정치·종교 활동을 돕는 핵심적 역할을 수행했다. 평민은 농사를 짓거나 물건을 생산하여 이를 세금으로 바쳤고, 때로는 각종 부역에 동원되기도 했다. 가장 하층에 위치한 노예는 일종의 재산으로 취급되어 거래되거나 양도되기도 했다. 계급이 점차 세분화되고 있는 모습을 엿볼 수 있다.

기원전 2000년 무렵 수메르인이 세운 도시들이 쇠퇴하자, 아카드인을 비롯한 여러 민족이 이 지역을 두고 치열한 쟁탈전을 벌였다. 이러한 정치적 혼란은 바빌로니아가 메소포타미아 전역을 통일할 때까지 계속됐다.

이처럼 메소포타미아 지역이 오랫동안 분열되었던 것은 그만큼 이곳이 비옥하여 누구나 탐내는 곳이었기 때문이기도 했지만, 주변이 탁 트인 개방적인 지리적 요건을 갖추고 있어 이민족이 이주해 오기 쉬웠던 것도 한몫을 했다. 주변 지역과 교류하고 무역하기에는 편리했지만, 그만큼 외부로부터의 침입에 노출되기도 쉬웠다. 이처럼 지리적 요건은 그곳에 살고 있는 사람들에게 유리하게 작용할 수도, 불리하게 작용할 수도 있는 양날의 검이다.

하늘과 땅을 연결했던 지구라트

메소포타미아 지역에 건설된 여러 도시에는 '지구라트(Ziggurat)'라 불리는 건축물이 세워져 있었다. 지구라트는 오늘날까지도 꽤 많은 수가 남아 있을 정도로 당시로서는 보편적인 건축물이었다. 그중 바빌론의 지구라트는 『성경』에 나오는 바벨탑의 원형으로 여겨지기도 한다.

『성경』에 따르면 사람들이 하늘에 가 닿기 위해 거대한 바벨탑을 쌓기 시작했는데, 이에 분노한 신이 사람들의 언어를 서로 통하지 않도록 했고 이때 탑도 무너지고 말았다고 한다. 물론 신화를 실제 역사로 받아들이기에는 무리가 있지만, 어느 정도 당시 현실을 반영하는 측면도 있다. 다른 것은 다 제쳐두더라도, 메

• 메소포타미아 문명의 상징, 지구라트
메소포타미아 지역에 일반적으로 세워져 있던 건축물이다. 우르, 우루크 등지에 아직까지 지구라트가 남아 있다.

소포타미아 사람들이 열정적으로 지구라트를 세우려고 했던 것만은 사실인 듯하다. 이토록 높은 구조물을 힘들여 지으려 했던 이유는 무엇일까?

지구라트는 기본적으로 신전의 역할을 했던 것으로 여겨진다. 메소포타미아 지역의 도시에는 나름의 수호신이 있었다. 도시의 통치자는 지구라트에서 신의 뜻을 받들어 도시를 다스렸다. 통치자는 자신의 말과 행동을 신의 뜻이라고 포장하면서 자신의 권위를 함께 높일 수 있었다. 또한 도시의 시민도 지구라트를 보면서 신에게 현실 생활의 안녕을 빌었다. 이처럼 지구라트는 메소포타미아 사람들에게 중요한 종교 시설이었음을 알 수 있다.

지구라트가 홍수를 대비한 피난처였다는 주장도 있다. 실제로 티그리스강과 유프라테스강은 해마다 범람했는데, 때로는 사람들이 쌓은 제방을 넘어 저지대를 집어삼키기도 했다. 예나 지금이나 인간은 자연의 힘 앞에서는 미미한 존재에 불과한지라, 티그리스강과 유프라테스강이 범람해버리면 사람이 할 수 있는 일이라곤 대피뿐이었을 것이다.

이때 가장 먼저 지구라트로 올라가 대피할 수 있었던 사람들은 지배 계급으로, 이들은 지구라트에서 자신의 생명과 재산을 지킬 수 있었다. 피지배 계급은 그다음이었다. 이들은 때로 미처 대피하지 못해 목숨을 잃거나 힘들게 일군 전 재산을 잃을 수밖에 없었다. 지구라트의 건설 과정에는 주로 피지배 계급이 동원되었을 것인데, 혜택을 누리는 것은 지배 계급이었다니 참으로 아이러니한 일이 아닐 수 없다.

최근 지구라트는 수난을 겪고 있다. 2016년, 이라크 모술 지역에 근거지를 두고 있던 이슬람 수니파 무장 단체 IS는 높이 40여 미터에 달하는 거대한 지구라트를 파괴해버렸다. IS가 이곳의 지구라트를 파괴한 정확한 이유에 대해서는 잘 알려져 있지 않다. 물론 이성적으로 도저히 이해되지 않는 IS의 행동은 비단 이것뿐만은 아니다.

어쨌든 최근 중동 정세가 불안정해지면서 메소포타미아 사람들이 남긴 유물과 유적은 몹시 위태로운 상황에 처해 있다. 수천 년에 걸쳐 보존되어온 문화유산이 어리석은 인간들의 소행으로 한순간에 파괴되어버리다니, 이렇게 허무한 일도 없겠다.

현실에 충실하려 했던 메소포타미아인

여러분은 사후 세계를 믿는가? 사후 세계란 죽은 다음에도 새로운 인생을 살아간다는 것을 의미한다. 그런데 메소포타미아 사람들은 사후 세계를 믿지 않았던 것으로 보인다. 그 대신 메소포타미아 사람들은 자신들이 살고 있는 현실에 충실하려 노력했는데, 이들의 현실적 세계관을 잘 보여주는 것이 우루크의 영웅이자 왕, 길가메시를 주인공으로 한 『길가메시 서사시』이다.

이야기의 주인공은 폭군 길가메시이다. 여신 아루루가 길가메시를 죽이러 괴물 엔키두를 보냈지만 두 사람은 싸움 끝에 둘도 없는 친구가 되었다. 이후 두 사람은 숲속의 괴물 훔바바를 처치하기 위해 함께 모험을 떠났고, 길고 긴 모험 끝에 결국 괴물을 죽이는 데 성공했다. 그러나 이 과정에서 엔키두가 하늘의 벌을 받아 죽고 말았고, 이에 상심한 길가메시는 영생을 찾아 각지를 떠돈다.

길가메시는 영원히 살 수 있는 방법을 찾아냈을까? 정답부터 말하자면, 그는 영생에 실패하고 결국 죽음을 맞이하였다. 한 여

• 전설 속 주인공, 길가메시
길가메시는 우루크의 영웅이자 왕이었다. 『길가메시 서사시』는 메소포타미아인의 현세적 내세관을 잘 보여준다.

인은 길가메시에게 다음과 같이 충고했는데, 이는 길가메시가 맞게 될 운명과 메소포타미아 사람들의 세계관을 함축적으로 보여주고 있다.

"길가메시여, 너는 어디로 가는가. 네가 구하는 생명은 찾을 수 없을 것이다. 신들은 인간을 창조할 때 죽음은 주었으나 생명은 손안에 간직해두셨다. 길가메시여, 배를 두둑이 채우고 낮밤으로 즐기는 것이 상책이다. 이것이 인간의 도리이니라."

– 『길가메시 서사시』

이처럼 메소포타미아 사람들은 내세나 영생에는 큰 관심이 없었다. 이들에게 가장 중요한 것은 자신이 살고 있는 바로 지금이었다. 따라서 여인이 보기에 길가메시의 모험은 부질없는 일에 불과했다. 정말 있을지 없을지도 모르는 내세와 영생을 위해 당장의 즐거움을 포기하고 있으니 말이다. 어쩌면 그녀는 우리에게도 이렇게 물을지 모르겠다.

"당신은 현재에 충실하고 있나요?"

바쁜 현대를 살아가고 있는 우리는 과연 이 질문에 어떻게 대답할 수 있을까?

별을 통해 운명을 점치다

요즘 도시에서는 별을 보기 어렵다. 그나마 하늘이 맑은 밤에나 고작 몇 개의 별을 볼 수 있을 뿐이다. 그런데 가끔 시골로 여행을 가면 밤하늘에 쏟아질 듯 걸려 있는 별들을 볼 수 있다. 하늘을 수놓은 장관을 지켜보다보면 간혹 별똥별이 떨어지기도 하는데, 그러면 우리는 누군가가 하늘나라로 간 것일까 하는 생각에 잠기곤 한다. 흔히 별똥별을 누군가의 죽음을 의미하는 것으로 여겨왔기 때문이다.

우리는 별의 움직임을 인간의 운명과 관련지어 생각하는 경향이 있다. 매일 발행되는 신문의 한쪽 구석에 별자리 운세가 실려 있는 것도 별의 운행을 인간의 운명과 연결 지어 생각하려는 심리의 반영이다.

고대 메소포타미아 사람들 역시 하늘에 떠 있는 별을 신과의 연결 고리라 여겼다. 이에 메소포타미아에서는 천체를 관측하여 이를 토대로 인간의 길흉화복을 점치는 점성술이 발달했다. 점성가들은 신의 뜻을 해석하고 전달하는 막중한 임무를 띠고 있다고 하여 왕조차 함부로 대할 수 없었다. 심지어 메소포타미아 각지에는 점성가를 양성하는 전문교육 기관이 세워지기도 했다.

여러 천문 현상 중에서도 특히 일식이나 월식·혜성은 분명 무언가를 의미하는 중대한 것으로 받아들여졌다. 예를 들어, 어떤 왕은 월식이 나타나자 이를 불길하게 여겨 자신에게 좋지 않은 일이 닥칠 것이라 걱정했다고 한다. 그래서 그는 다른 사람을 왕으로 대신 내세우고 자신은 신전에 숨어 지내다가 어느 정도 액운이 지나갔다고 여겨진 후, 허수아비 왕을 제거하고 다시 왕이 되었다. 메소포타미아 사람들이 점성술을 어느 정도로 신뢰하고 있었는지를 잘 보여주는 사례라 할 수 있겠다.

메소포타미아 사람들은 천체 관측 결과를 토대로 태음력이라는 역법을 만들어냈다. 이는 달의 모양 변화를 기준으로 한 것인데, 보름달이 초승달이 되었다가 다시 보름달이 되는 데 걸리는 기간을 측정하여, 29일 또는 30일을 한 달로, 그리고 12달을 1년으로 삼는 방식이었다. 이러한 태음력은 계절의 변화를 어느 정도 예측할 수 있게 해주어 농경에도 큰 도움이 되었다. 이슬람권 국가에서는 아직도 태음력을 사용하고 있는데, 우리나라도 19세기 말까지는 태음력을 사용했다.

쐐기를 닮은 문자를 만들다

메소포타미아 사람들은 문자를 고안하여 사용했는데, 이것은 나무나 돌을 쪼개는 데 쓰이는 쐐기라는 도구를 닮았다 하여 쐐기문자(설형문자)라 불린다. 쐐기문자는 그 수가 무려 3,000여 개에 달하는 것으로 알려져 있다. 이렇게 많은 글자를 모두 깨우치기도 어려웠을 텐데, 이를 다 습득하더라도 기껏해야 조잡한 문장만을 만들 수 있었을 정도로 문자 체계 자체는 초보적 수준에 지나지 않았다.

따라서 메소포타미아 사람들이 살았던 과거에는 문자를 읽고

• 쐐기문자

쐐기라는 도구를 닮았다고 해서 쐐기문자라고 불린다. 쐐기문자는 메소포타미아 사회를 보여주는 열쇠와
도 같다.

쓰는 것이 매우 어려운 일이었고, 그 자체가 엄청난 권력이자 특
권이었음을 짐작할 수 있다. 오늘날의 언어학자들도 쐐기문자를
해독하는 데 상당한 어려움을 겪고 있다.

메소포타미아 사람들은 쐐기문자를 점토판에 기록했다. 적당
한 크기와 두께의 점토판을 만든 다음 이것이 굳기 전 뾰족한 갈
대나 금속으로 글자를 새기는 방식이었다. 그런데 매번 진흙을
모아와 점토판을 만들고, 이것이 굳기 전에 신속하게 기록하는
일은 몹시 번거로운 일이 아닐 수 없었다. 그러나 일단 점토판이

굽고 나면 그 기록이 상당히 오랫동안 보존될 수 있었으니 어느 정도 불편함을 감수하고라도 기록을 남길 가치는 충분했다.

그래서일까, 지금까지 메소포타미아 지역에서 출토된 점토판은 상당히 많다. 영국박물관(British Museum)이 자체적으로 보관하고 있는 점토판만 하더라도 1만여 개에 달할 정도라 하니 메소포타미아 사람들이 얼마나 기록에 열심이었는지 짐작할 수 있다.

02

바빌로니아에는 법률을 새긴 돌기둥이 있었다

메소포타미아 지역에서는 여러 민족과 국가가 치열하게 주도권을 다투었다. 그러다 기원전 18세기에 접어들면서 이 지역은 점차 통일되기 시작하는데, 그 주인공은 바로 아무르인이 세운 바빌로니아였다. 바야흐로 통일의 시대였다. 메소포타미아 지역을 통일한 바빌로니아는 어떤 국가였을까?

함무라비 왕이 메소포타미아 지역을 통일하다

바빌로니아도 처음에는 매우 작은 왕국에서 출발했다. 그러다 제6대 왕 함무라비(재위: 기원전 1728~기원전 1686)때 전성기를 맞았다. 함무라비 왕은 대외 확장을 꾀하여 메소포타미아 전역을 장악함으로써 오랜 전란을 종식시켰다. 그런데 함무라비 왕은 영토를 넓히는 것만큼 그 영토를 효과적으로 다스리는 것도 중요함을 알고 있었다. 그래서 그는 중앙집권을 위한 여러 정책을 적극적으로 추진하기 시작했다.

먼저, 각지에 지방관을 파견하여 이전까지 여러 도시가 갖고 있던 재정권과 사법권을 박탈하고 바빌로니아 전역을 직접 통치하려 했다. 도로와 운하를 건설하는 한편, 아카드어를 국어로 삼아 각 지역의 통합을 꾀했다. 점차 바빌로니아는 단일한 공동체로 발전해나갔고, 수도 바빌론은 국제무역의 중심지로 큰 번영을 누렸다.

바빌로니아의 거울, 『함무라비 법전』

함무라비 왕의 업적 중 가장 유명한 것은 『함무라비 법전』의 편찬이다. 그는 서아시아 지역의 법률을 종합하여 높이 2미터에 달하는 돌기둥에 쐐기문자로 새겨 왕국 곳곳에 세웠다. 『함무라비 법전』의 위쪽에는 함무라비 왕이 태양신 샤마슈(Shamash)로부터 법전을 받는 장면이 새겨져 있다. 두 사람 중에서 앉아 있는 사람이 함무라비 왕이라 생각하기 쉬운데, 실은 그 반대이다. 왼

• **『함무라비 법전』이 새겨진 돌기둥**

『함무라비 법전』은 함무라비 왕의 업적 중 가장 유명한 것이다. 『함무라비 법전』을 통해 바빌로니아사회를 잘 이해할 수 있다.

쪽의 함무라비 왕은 선 채로 오른쪽의 샤마슈가 주는 『법전』을 공손하게 받아들고 있다.

이처럼 태양신이 『법전』을 내려 주었다는 설정은 법전의 권위를 높여주었을 것이다. 만약, 이 법을 어긴다면 감히 태양신의 명을 어기는 것이 되기 때문이다. 『함무라비 법전』의 아래쪽에는 법전의 내용이 빼곡하게 새겨져 있는데, 그 내용은 잠시 후 살펴보도록 한다.

『함무라비 법전』이 세상에 처음 모습을 드러낸 것은 1901년이었다. 프랑스 고고학자 모르강(Jacques de Morgan)은 고대 도시 수사(Susa)에서 이 법전비를 발굴해냈다. 이때까지만 하더라도 이 법전이 '최초의 성문법'으로 여겨졌지만, 훗날 이보다 더 오래된 법전이 속속 발견되면서 '최초'라는 표현을 쓰기는 어려워졌다. 그럼에도 고대 메소포타미아 사회를 이해하는 데『함무라비 법전』이 갖는 의미는 여전히 크다.

함무라비 왕은 법의 제정을 통해 각지에서 일어나는 분쟁을 최소화하고 통치의 효율성을 높이고자 하였다. 이 법전비를 곳곳에 세우도록 했던 것도 여러 구성원이 모두 법률을 잘 알고 지키도록 하려는 그의 생각이 반영된 것이었다. 총 282개에 달하는 이 법전의 여러 조항을 통해 당시 바빌로니아 사회의 모습을 좀 더 자세히 들여다보도록 하자.

눈에는 눈, 이에는 이

『함무라비 법전』에 나타난 원칙 중 가장 유명한 것은 '눈에는 눈, 이에는 이'의 원칙이다. 바꾸어 말하자면 보복주의라고 부를 수도 있겠는데, 남에게 해를 입히면 그만큼의 벌을 받는다는 지극히 단순한 원칙이다. 다음 조항에서 이를 잘 알 수 있다.

제196조. 자유인의 눈을 뺀 자는 그 눈을 뺀다.

제197조. 사람 뼈를 부러뜨렸을 때는 부러뜨린 사람 뼈도 부러뜨
린다.

이에 따르면 고의든 실수든 남의 눈을 멀게 한 경우 똑같이 눈을 멀게 하는 형벌을 받았다. 남의 뼈를 부러뜨릴 경우에도 똑같이 뼈를 부러뜨리는 형벌을 받았다. 이처럼 엄격한 법률이 그대로 지켜졌다면 바빌로니아 왕국에서 범죄를 저지른 자는 큰 대가를 치러야 했을 것이다.

이는 오늘날의 우리가 보기에는 다소 비인간적일 수도 있겠지만, 당시로는 매우 정의로운 조치였다. 함무라비 왕 이전까지는 국가의 공권력으로 범죄를 심판할 수 없었기 때문이다. 오로지 사적인 복수를 통한 응징만이 가능했다. 이것은 어느 정도 힘과 권력을 갖춘 사람이나 가능한 일이었지, 여자나 어린아이·노인과 같은 약자들에게는 거의 불가능한 일이었다. 이들은 억울한 일을 당하더라도 아무런 방법이 없었다.

이러한 상황에서 『함무라비 법전』의 보복주의 원칙은 당시로서는 정의였다. 사회적 약자를 대신해 국가가 범죄를 심판해주었으니 말이다. 이를 알고 있던 함무라비 왕은 『법전』의 마지막

에 다음과 같이 덧붙이고 있다.

"나는 이 땅에서 정의를 수호하고 분쟁을 해결하며 상처들을 치료하기 위하여, 정의로운 왕으로서 내가 세운 조각상 앞에 나의 소중한 말을 비문에 새긴다."

법이 항상 공평한 것만은 아니었다

오늘날 우리는 누구나 법 앞에 평등한 시대를 살고 있다. 그러나 때로는 이러한 원칙이 종잇조각에 지나지 않을 때도 있다. 권력과 경제력을 가진 사람이 그렇지 않은 사람에 비해 법의 혜택을 많이 받는 경우를 쉽게 찾아볼 수 있다.

그렇다면 바빌로니아에서는 어땠을까? 『함무라비 법전』에는 이와 관련하여 다음과 같은 흥미로운 규정이 실려 있다.

제198조. 노예의 눈을 빼거나 뼈를 부러뜨린 자는 은을 내야 한다.
제205조. 노예가 자유인의 뺨을 때리면 그의 귀를 자른다.

애초에 바빌로니아는 신분제 국가였다. 따라서 『함무라비 법전』에서 신분에 따라 법을 다르게 적용하는 것은 지극히 당연한 일이었다. 자유인에게는 법 적용이 다소 관대하고, 노예에게는 법 적용이 가혹한 이유가 여기에 있다. 윗글과 같이 자유인은 노예의 눈을 멀게 하거나 뼈를 부러뜨리더라도 돈만 내면 가혹한 형벌을 피할 수 있었다. 반면, 노예는 자유인의 뺨만 때리더라도 귀를 잘리는 형벌에 처해졌다.

이러한 법 규정이 다소 이상하게 들릴지도 모르겠지만, 바빌로니아에서는 이것이 상식이고 정의였다. 자유인은 국가를 위해 세금을 부담할 뿐만 아니라, 전쟁에서 목숨 바쳐 싸웠기 때문에 그에 합당한 대우를 받을 자격이 있었기 때문이다. 이러한 역사적 상황을 접할 때 우리는 과거의 사람은 미개했다고 비난하기보다는 이들이 살았던 시대적 상황을 좀 더 이해하려는 자세를 가질 필요가 있다.

바빌로니아는 체계적인 국가였다

그 밖에도 『함무라비 법전』에는 다양한 규정이 실려 있는데, 몇 가지만 더 소개한다. 『함무라비 법전』에는 재산법과 관련한 규정이 실려 있다. 다음은 재산에 대한 소유권과 관련한 규정인데, 이를 통해 당시 사람들이 토지·주택 등의 재산을 소유할 수 있었고, 자유롭게 매매할 수도 있었음을 알 수 있다. 오늘날의 모습과도 크게 다르지 않다는 점이 흥미롭다.

> 제40조. 상인 또는 다른 공무 수행자에게 농지·과수원 또는 가옥
> 을 매각할 수 있으며, 매수인은 그것을 사용하기 위하여 농지·
> 과수원 또는 가옥을 점유할 수 있다.

그렇다면 이러한 재산을 훔치는 행위, 즉 절도죄는 어떻게 다스렸을까? 다음에서 살펴보듯, 절도죄는 상당히 강력하게 처벌되었다. 그런데 누구의 것을 훔치느냐에 따라 처벌은 상당히 달라졌다.

> 제6조. 만약 어떤 사람이 신전이나 왕궁의 재산을 훔친다면 그는
> 사형에 처해질 것이다.
> 제8조. 만약 어떤 사람이 소나 양, 또는 당나귀, 또는 돼지나 염소
> 를 훔친 경우, 그것이 신이나 왕궁에 속한 것이라면 그는 30배
> 를 배상해야 한다. 만약 그것이 자유인의 소유라면 10배를 배
> 상해야 한다. 만약 그가 어떠한 배상도 할 수 없다면 사형에 처
> 할 것이다.

『함무라비 법전』에는 계약과 관련한 규정도 다양하게 실려 있다. 매매뿐만 아니라 증여·임대·혼인·고용 등에서 일어나는 각종 계약의 방법이나 절차가 명시되어 있다. 이로써 구성원 간의 각종 계약은 법의 보호 아래서 체결될 수 있었다. 지금으로부터 수천 년 전에 이미 계약이라는 제도가 갖춰져 있었다는 데 놀라지 않을 수 없다. 여러 계약 중에서도 혼인과 관련된 내용을 살펴보도록 하자.

제128조. 아내를 맞이하면서 계약서를 작성하지 않으면 이 여자는 아내가 아니다.

바빌로니아에서는 혼인할 때조차 계약서를 작성해야 했다. 얼핏 오늘날의 혼인 신고와도 비슷해 보인다. 만약 계약서를 작성하지 않으면 혼인을 무효로 할 정도로 계약이 갖는 중요성은 컸다. 『함무라비 법전』에는 혼인과 짝을 이루는 이혼과 관련한 규정도 실려 있는데, 여기에는 이혼이 가능한 조건, 이혼 후의 재산 분배 등과 관련한 내용까지 세세하게 규정되어 있었다.

마지막으로, 이러한 법률에 따라 재판을 진행하는 절차에 대해 간략히 살펴보도록 하자. 바빌로니아의 재판 절차는 지금과도 매우 유사하다. 먼저 원고 측의 고소가 접수되면 당사자를 출석시켰다. 그다음, 사건과 관련된 증거를 조사하여 양측의 잘잘못을 따졌다. 이후 판결이 내려지고 이에 따른 집행이 이루어졌다. 이처럼 바빌로니아의 재판은 오늘날과 마찬가지로 증거에 입각한 공정한 것이었음을 알 수 있다.

제2장 메소포타미아 문명

히타이트가 철기로 주변 지역을 제패하다

고대 사회에서 철은 매우 중요한 물질이었다. 철을 가진 자는 철을 갖지 못한 자를 쉽게 굴복시킬 수 있었다. 철을 가장 잘 이용하여 번영을 누렸던 나라가 바로 히타이트다. 히타이트는 철기로 무장하여 메소포타미아 각지를 정복해나갔다. 아직까지도 신비에 싸여 있는 히타이트는 어떤 국가였을까?

히타이트가 성장하다

티그리스강과 유프라테스강을 거슬러 올라가면 가파른 고원지대를 만날 수 있다. 이곳이 바로 아나톨리아 고원, 그리스어로

• 사자의 문
히타이트의 수도 하투샤 유적으로 들어가는 문이다.

는 '해가 뜨는 곳'을 뜻한다. 그리스인이 보기에는 이곳이 동쪽이었기 때문에 그렇게 생각했는지도 모르겠다. 이곳은 남북으로는 지중해와 흑해에 맞닿아 있고, 서쪽으로는 이스탄불을 마주보고 있다. 앞서 살펴본 메소포타미아 지역과는 상당히 떨어져 있다.

메소포타미아 지역에서 바빌로니아가 한창 번영하고 있을 무렵, 아나톨리아 지역에서는 히타이트가 서서히 세력을 키워나가고 있었다. 히타이트에 대해서는 북쪽으로부터 이주해 온 민족이라거나 원래 이 지역에 살던 원주민이라는 설이 있지만 둘 다 확실치 않다. 어쨌든 히타이트는 아나톨리아 지역을 평정한 후,

바빌로니아의 혼란을 틈타 수도 바빌론을 정복하여 파괴해버렸다. 이때 남쪽에서는 이집트가 한창 번영을 누리며 바빌로니아를 향해 뻗어오고 있었으니, 이제 히타이트와 이집트의 충돌은 시간문제일 뿐이었다.

히타이트와 이집트가 카데시에서 격돌하다

기원전 1286년, 히타이트의 왕 무와탈리 2세(재위: 기원전 1306~기원전 1282)는 3,500대의 전차와 3만 7,000명에 달하는 보병을 이끌고 출정했다. 더 이상 이집트와의 전쟁을 피할 수 없다는 판단에서였다. 히타이트가 대규모 군대를 이끌고 온다는 소식을 들은 이집트의 파라오 람세스 2세(재위: 기원전 1279~기원전 1213) 역시 2만 명에 달하는 정예 군대를 이끌고 나왔다.

람세스 2세가 이끄는 이집트 군은 국경을 넘어 카데시 남쪽에 도착했다. 이집트 국경 밖에서 히타이트 군을 공격할 생각이었던 것이다. 그런데 때마침 보초병들이 두 명의 포로를 잡아 데려왔다. 람세스 2세는 이들을 심문한 끝에 히타이트 군이 아직 멀리 있으며, 남쪽으로 쉽게 내려올 엄두를 내지 못하고 있다는 정보를 얻었다.

이에 람세스 2세는 우선 카데시를 점령하여 전진 기지로 삼기로 했다. 아직 몇몇 부대가 합류하지 않아 완전한 전력을 갖추지는 못했지만 현재 상태로도 카데시 정도는 충분히 차지할 수 있을 것처럼 보였다. 람세스 2세는 즉각 진군을 명했다.

그러나 이것은 엄청난 오판이었다. 멀리 있다고 생각했던 히타이트 군은 카데시 근처에 이미 도착해 있었다. 양쪽으로 매복해 있던 히타이트 군은 무방비 상태로 진군해 오던 이집트 군을 기습 공격했다. 포로의 말을 곧이곧대로 믿은 람세스 2세가 너무나 순진했던 것이다. 이 공격 한 방에 이집트 군은 무참히 궤멸되었다. 만약 람세스 2세가 평정심을 잃었거나 그의 친위대가 뿔뿔이 흩어졌다면 이집트 군은 전멸을 면치 못했을 것이다.

람세스 2세가 히타이트 군의 맹공을 견뎌내고 있을 무렵 이집트의 구원군이 도착했다. 이집트 군의 반격을 받은 히타이트 군이 카데시로 퇴각하면서 전투는 일단락되었다. 이후 수년간 양국 간의 전쟁은 소강상태에 접어들었다.

그런데 후대 사람들은 오랫동안 이집트가 카데시 전투에서 대승을 거두었다고 생각해왔다. 그 이유는 몇 가지 측면에서 찾아볼 수 있다.

첫째, 이집트가 이 전투를 자국의 승리로 기록했다는 점이다. 이집트의 람세스 2세는 자존심이 몹시 강한 인물이라 히타이트 원정에서 실패를 맛보았음을 결코 인정하고 싶지 않았다. 그래서 그는 자신이 세운 신전 곳곳에 카데시 전투에서 승리했다는 거짓 기록을 남길 것을 명했다. 이러한 이집트의 기록은 후대 역사가들에게 여과 없이 받아들여졌다.

둘째, 히타이트가 카데시 전투 이후에 갑자기 멸망해버렸다는 점이다. 이 때문에 카데시 전투에 대한 히타이트 측의 기록이 제대로 남아 있지 않았다.

이렇게 카데시 전투는 잘못 기억되어왔다. 그러나 카데시 전투가 끝나고도 카데시 지역 사람들이 히타이트에 계속해서 공물을 바쳤다는 사실로 미루어 짐작해볼 때, 이집트가 대승을 거두었다는 것은 실로 과장된 주장에 불과하다.

이처럼 과거의 기록을 살펴볼 때, 있는 그대로 믿어버리기보다는 진실성이나 정확성을 좀 더 따져보려는 태도를 가질 필요가 있다.

히타이트의 군대, 최강의 전력을 자랑하다

히타이트가 주변 지역을 속속 점령하고 이집트 군까지 격파할 수 있었던 비결은 무엇이었을까? 그 답은 바로 철(鐵)에서 찾을 수 있다.

철은 탄소 함량에 따라 강도가 달라지는 금속이다. 적정 수준의 탄소 함량을 유지하고 있을 때는 구리나 청동에 비해 훨씬 단단하지만, 그보다 적은 탄소를 함유하면 너무 약하게 되고, 그보다 많은 탄소를 함유하면 부러지기 쉽다. 즉 철은 제련하기에 따라 그 강도가 달라지는 금속이다.

히타이트 이전에도 철을 사용한 민족은 있었다. 그러나 그들은 철을 제대로 제련하는 방법을 알지 못하여 철을 효과적으로 사용할 수 없었다. 그러다보니 귀한 철을 고작 장식용으로 사용하기도 하였다.

반면, 히타이트는 철에서 불순물을 제거하여 적절한 탄소 함량을 유지하고, 이를 뜨겁게 달군 다음 찬물에 급속히 식히는 방식으로 강도를 높일 줄 알았다. 전쟁이나 농경 등 다양한 용도로 철을 활용할 수 있게 된 것이다. 히타이트의 철에 대한 명성은 주변 국가에까지 널리 퍼져 있었던 것으로 보인다. 아시리아의 왕은 히타이트에 서신을 보내 품질이 우수한 철을 보내줄 것을 요청했다고 한다.

이렇게 성능이 우수한 히타이트의 철은 군사력을 한층 강화시키는 역할을 했다. 히타이트 전사들은 우수한 철로 만들어진 무기로 무장할 수 있었다. 히타이트의 수도였던 하투샤 유적의 한

벽면에는 히타이트 전사들이 줄을 지어 행진하는 모습이 새겨져 있다. 이들은 고깔모자를 쓰고 스커트를 입었으며 칼과 방패를 갖추었는데, 이들이 든 칼과 방패는 모두 철로 만든 것이었다.

히타이트가 적을 압도할 수 있었던 또 다른 비결은 전차였다. 히타이트 사람들이 전차를 처음 발명했던 것은 아니지만, 이들은 전차를 효과적으로 사용할 줄 알았다. 히타이트의 전차는 철을 이용해 튼튼하게 만들어졌다. 그리고 전차를 끄는 말도 체계적으로 관리되었는데, 매일 정해진 훈련을 소화하는 것은 기본이었고 적절한 휴식 시간도 보장되었다.

• 적을 공격하는 히타이트 전차
히타이트의 전차는 다른 지역의 전차보다 그 성능이 우수했다. 철을 이용해 튼튼하게 만들어졌고, 전차를 끄는 말도 체계적으로 관리됐다.

이렇게 잘 훈련된 말은 실전에 나갈 때는 철제 갑옷으로 무장하여 적의 공격에 쉽게 쓰러지지 않았다. 두 마리의 말이 이끄는 전차에는 세 명의 전사가 올라탔다. 한 명은 말을 조종하고, 다른 한 명은 활을 이용하여 적을 공격했으며, 나머지 한 명은 전차 방어를 전담했다.

이렇게 히타이트 군은 전차를 이용해 먼 거리도 빠르게 공격할 수 있었을 뿐만 아니라, 도망가는 적을 모조리 살상할 수 있었다. 적의 입장에서는 히타이트 군이 언제 공격을 해올지 종잡을 수 없었고, 일단 전투가 시작되면 계속해서 움직이는 전차에 활조차 제대로 겨눌 수 없었다. 앞서 언급한 카데시 전투에서 람세스 2세가 낭패를 볼 수밖에 없었던 것도 히타이트 전차의 성능을 과소평가했기 때문이다.

역사에서 잊힌 히타이트

히타이트의 영광은 오래가지 않았다. 이집트와의 전쟁이 끝난 후 히타이트는 급격히 흔들리기 시작했다. 지배 계급은 단결하지 못하고 내전을 벌였으며, 기후 변화로 인해 흉작이 계속되었다. 이 와중에 해상 민족을 비롯한 이민족이 쳐들어오면서 민심은 크게 동요했다. 당시 상황을 이집트에서도 다음과 같이 기록한 바 있다.

"이국인들이 그들의 섬에서 난동을 부렸다. ……하투샤의 그 어떤 곳도 무사하지 못했다. 코데·카르케미시·아르자와·알라시야가 멸망했다."

  수도 하투샤는 불탔고, 나머지 도시도 속속 몰락하고 말았다. 그 후 히타이트는 사람들의 기억에서 순식간에 사라져버렸다. 그리스인과 로마인은 히타이트가 남긴 철기 문화의 유산을 그대로 이어받았음에도 불구하고, 정작 히타이트의 존재에 대해서는 제대로 알지 못했다.
  이렇게 사라져버린 히타이트의 역사는 19세기 말 고고학자들에 의해 다시 살아나기 시작했다. 히타이트인이 건설한 위대한 문명은 이들에 의해 곧 재평가될 날을 기다리고 있다.

04

페니키아가 해상 왕국으로 번영을 누리다

고대 인류에게 바다는 매우 소중한 것이었다. 바다에서 나는 해산물과 소금은 인류가 생존해나가는 데 큰 도움이 되었다. 또한 바다는 각지를 이어주는 길이기도 했다. 배를 띄워 돛을 펴면 먼 곳까지 쉽게 나아갈 수 있었다. 아마도 페니키아만큼 바다를 잘 이용했던 국가는 없었을 것 같다. 해상 왕국 페니키아는 어떤 국가였을까?

페니키아가 성장하다

페니키아인은 동쪽으로부터 이주해 와 지중해 동부 해안에 정착한 민족이다. 이들은 오랫동안 이집트의 지배를 받으면서도 해상 무역을 통해 경제력을 갖추어왔다. 그러던 중 기원전 1500년경, 이집트가 외침에 시달리면서 자연스레 페니키아에 대한 통제가 느슨해지기 시작했다. 이에 페니키아인은 지중해 곳곳에 티레, 시돈 등의 도시를 세웠고, 해상 무역을 장악해나갔다.

기원전 1200년 무렵, 람세스 2세가 사망한 후 이집트는 급격히 쇠퇴하였다. 이제 페니키아인의 대외 팽창을 가로막는 방해물이 완전히 사라진 셈이었다. 페니키아인의 해상 진출은 더욱 활발해져, 지중해 전역은 물론 아프리카 서쪽 해안까지 세력권을 확장하였다. 그야말로 페니키아가 지중해를 지배했다 해도 과언이 아니었다.

이렇게 페니키아가 활발한 해상 활동을 벌여나갈 수 있었던 것은 항해술과 조선술에 힘입은 바 크다. 페니키아인은 함선에 돛을 달아 바람을 이용했고, 바다의 흐름과 조수 간만의 차도 알고 있었다. 게다가 페니키아 함선의 좌우에는 노가 빽빽이 배열되어 있었고, 수십 명의 노잡이가 부지런히 노를 저었다. 이를 통해 페니키아의 함선은 바다를 헤쳐나가는 데 충분한 추진력을 확보할 수 있었다.

지중해를 주름잡은 페니키아인

페니키아인은 지중해 각지에 식민지를 건설하였다. 흔히 식민지라 하면 일제 강점기를 떠올리는 경우가 많은데, 원래 식민지란 본국에서 떠난 사람들이 정착한 곳을 뜻하는 말로, 근대 이후 제국주의 시대의 개념과는 다소 차이가 있다. 페니키아인은 지중해 곳곳에 세운 식민지를 신이 주신 선물로 여겼다.

페니키아인이 세운 여러 식민 도시 중 대표적인 것은 바로 카

• **카르타고 유적**
북아프리카의 카르타고는 페니키아가 건설한 대표적 식민 도시였다.

제2장 메소포타미아 문명

르타고였다. 카르타고가 위치한 곳은 오늘날 북아프리카의 튀니지 근처로, 동서 지중해를 연결하는 핵심 장소이다. 이곳을 중심으로 카르타고는 지중해 무역을 장악하여 대표적인 해상 도시로 성장했다. 훗날 카르타고는 지중해 무역권을 두고 로마와 포에니 전쟁을 벌여 일시적으로 로마를 궁지에 몰아넣기도 했으나 결국 패배하고 말았다.

전쟁에서 승리한 로마가 카르타고인을 대거 학살하고 그 도시를 철저히 파괴했으며 그 폐허에는 소금을 뿌려 불모지로 만들었을 정도라고 하니, 로마인이 카르타고를 얼마나 증오하고 두려워했는지 알 수 있다. 이처럼 페니키아의 해상 활동은 지중해 각지의 발전을 자극했다는 데서 그 역사적 의미를 찾을 수 있다.

다재다능했던 페니키아인

페니키아인은 지중해 전역을 오가며 각종 물건을 사고팔았다. 페니키아인의 무역 활동 덕분에 지중해 전역은 하나의 상권으로 연결되었다. 페니키아인들이 타고 다닌 배에는 어떤 물건이 실려 있었을까? 당시 페니키아인이 거래한 물건은 매우 다양했지만, 일부는 매우 비싼 값에 팔려 막대한 부를 안겨준 것도 있고, 지중해 전역의 유행을 선도하는 물품으로 인기를 끌었던 물건도 있다.

페니키아의 특산물로 가장 유명했던 것은 자줏빛 염료다. '페니키아'라는 말이 그리스어로 '자줏빛 사람'을 뜻한다는 사실은 이와 밀접한 관련이 있다. 그렇다면 이 자줏빛 염료는 어떻게 만들어졌고, 어떻게 사용되었을까?

페니키아인이 만들어낸 자줏빛 염료의 주재료는 지중해 일부 지역에 서식하는 뿔고둥이었다. 이 뿔고둥의 내장에는 노란색 체액이 들어 있다. 뿔고둥이 죽자마자 바로 깨뜨려서 체액을 모은 다음 햇빛에 적당한 시간을 노출시키면 점차 자주색으로 변한다. 이것이 바로 지중해 전역의 히트 상품 자줏빛 염료의 비법이었다.

그런데 수많은 뿔고둥을 잡아 체액을 채취한다 하더라도 여기서 나오는 염료는 극히 소량에 불과했다. 그러나 자줏빛 염료를 원하는 고위층은 얼마든지 있었기 때문에 부르는 것이 값이었다. 이 자줏빛은 오늘날에는 '티리언 퍼플'로 알려진 색깔인데, 로마 시대에는 이 색깔을 서민이 사용하는 것을 금지하고 황제만이 사용할 수 있었다고 하니 그 가치를 쉽게 짐작할 수 있다.

한편 페니키아인은 유리를 만드는 방법도 알고 있었다. 당시 지중해 전역에서 세제나 방부제로 널리 쓰이고 있던 것은 천연

소다였다. 그런데 이것을 모래와 섞어 가열하면 유리를 얻을 수 있었다. 페니키아인은 유리를 재료로 삼아 각종 그릇이나 거울·구슬을 만들었는데, 이는 지중해 각지에서 비싸게 팔렸다. 페니키아인의 유리 기술은 훗날 로마에도 전승되었고, 로마에서 만든 유리 세공품이 비단길을 통해 멀리 한반도에까지 전해지기도 했다.

페니키아인은 와인도 만들 줄 알았다. 와인은 발효주로, 포도를 재배한 다음 이를 잘 숙성시켜야 만들 수 있는 것이다. 페니키아인은 이와 관련한 지식을 모두 갖추고 있었다는 말이 된다. 정말이지 페니키아인의 다재다능함은 이루 다 열거할 수도 없다.

페니키아 문자는 알파벳으로 이어졌다

페니키아인의 발명품 가운데 인류 문명에 가장 크게 기여한 것은 문자라 할 수 있다. 페니키아인이 독창적인 문자를 발명하기 이전에도 이미 쐐기문자 등의 다양한 문자가 사용되고 있었다. 그러나 이러한 문자는 그 체계가 매우 복잡했을 뿐만 아니라 의미가 명확하지 않은 경우가 많았다.

페니키아인이 만들어낸 문자는 간단한 것이 특징이다. 페니키아인은 주로 항해와 관련한 지식을 보존하고 상거래 과정을 기

• 페니키아가 남긴 문자
페니키아 문자는 오늘날 널리 쓰이는 알파벳의 기원이다. 22자로 구성된 표음문자이다.

록하는 데 문자를 이용했기 때문에, 복잡한 문자를 만들어 쓸 필
요가 없었다. 그래서 22자로 구성된 문자를 개발하여 이용했는
데, 이 문자는 소리 나는 대로 적을 수 있었다는 점에서 표음문자
라 불린다.

　페니키아인이 만든 표음문자는 그들이 지중해 전역을 무대로
활동하는 과정에서 널리 확산되었다. 이후 페니키아의 표음문자
는 그리스어·라틴어·히브리어·아랍어의 원형이 되었는데, 오
늘날 우리가 사용하고 있는 알파벳은 페니키아 문자에서 비롯된

것이다. '알파벳'이라는 말도 따지고 보면 페니키아어의 '알레프(aleph)'와 '베이트(beit)'가 그리스어로 '알파(alpha)' '베타(beta)'로 바뀌어 이 둘을 합쳐 부른 말에서 유래했다고 한다.

페니키아는 유럽의 뿌리인가?

우리는 '서양'이라고 하면 가장 먼저 유럽과 아메리카를 떠올린다. 그중 아메리카는 신항로 개척이 시작된 15세기 이후에야 세계 역사에 등장했으니, 오늘날의 서양 문화는 유럽에 그 뿌리를 두고 있다는 말이 적절할 듯하다. 그런데 '유럽'이라는 말은 또 페니키아와 밀접한 관련이 있다. 다음 그리스 신화는 이를 잘 보여주고 있다.

옛날 페니키아에는 매우 아름다운 공주 에우로페(Europe)가 살고 있었다고 한다. 에우로페의 미모는 지중해 곳곳의 남자들 마음에 불을 질렀을 정도라고. 그러니 최고의 신이자 바람기 많았던 제우스가 가만있을 리 없었다. 제우스는 흰 소로 둔갑하여 그녀에게 접근했다. 에우로페는 자신도 모르게 이 소에 호기심을 갖게 되어 등에 올라탔다. 그러자 흰 소, 그러니까 제우스는 에우로페를 태운 채 바다를 유유히 건너가버렸다. 이렇게 에우로페는 납치된 것이다.

제우스는 에게해의 크레타 섬에 에우로페를 내려놓았다, 여기서 제우스와 에우로페는 세 아들을 낳고 살았다. 세 아들 가운데 미노스(Minos)는 훗날 크레타의 왕이 되었다. 크레타가 그리스 문명의 토대가 되고, 그리스가 유럽 문명의 밑거름이 되었음을 생각해본다면 이 모든 것의 출발점에는 페니키아의 공주 에우로페가 존재하고 있는 셈이다. 그리고 '에우로페'라는 그녀의 이름에

• 「에우로페의 납치」
에우로페라는 공주가 제우스에게 납치된다는 그리스 신화의 내용을 그린 그림이다. 18세기 프랑스 화가 프랑수아 부셰가 상상하여 그린 작품이다.

제2장 메소포타미아 문명

서 오늘날의 '유럽(Europe)'이라는 말이 나온 것으로 알려져 있으니, 페니키아가 유럽 사회의 형성에 영향을 주었다고도 할 수 있겠다.

05

헤브라이로부터 유일신 신앙이 생겨나다

인류의 역사만큼이나 종교의 역사도 길다. 고대인은 태양이나 달, 심지어 나무나 동물을 자신을 지켜주는 수호신이라 여겼다. 그런데 헤브라이에서는 다소 특이한 형태의 종교가 나타났다. 대부분의 국가가 여러 신을 함께 믿었던 것과는 달리, 이곳 사람들은 단 하나의 신만을 믿었다. 과연 그 이유는 무엇이었을까?

헤브라이와 이집트의 오랜 악연

헤브라이인은 본래 서아시아 지역에서 유목 생활을 하던 민족이었다. 기원전 1600년경, 이들은 대흉년을 피해 비옥한 지역을 찾아 이동하다가 이집트 지역에 정착했다. 이때 이집트 지역은 힉소스인이 일시적으로 장악하고 있었다. 이들은 농지 경작을 위한 노동력이 필요한 상황이었으므로 헤브라이인의 정착을 허용했다. 그러나 이집트인이 힉소스인을 축출하면서부터 헤브라이인의 고난이 시작되었다.

당시 이집트의 파라오였던 람세스 2세는 헤브라이인에 대한 탄압을 본격화했다. 람세스 2세는 왕궁이나 신전을 조성하는 대공사에 헤브라이인을 노예처럼 동원했고, 새롭게 태어나는 헤브라이의 사내아이는 즉시 죽이기도 했다. 헤브라이인은 이러한 상황을 견딜 수 없었지만 이집트의 가혹한 통치를 벗어날 길은 좀처럼 보이지 않았다. 헤브라이인은 누군가가 자신들을 구원해 주길 간절히 빌고 또 빌었다.

헤브라이인을 이끈 모세

어느 날, 마치 기적과 같이 모세라는 지도자가 나타났다. 사실 모세도 헤브라이 출신이었으므로 사내아이는 태어나는 즉시 죽이라는 파라오의 명령에 의해 죽임을 당할 뻔했다. 그러나 모세의 어머니는 그를 바구니에 넣어 나일강에 띄워 보냈고, 공교롭게도 파라오의 딸이 그를 발견하여 키움으로써 목숨을 부지할 수 있었다.

훗날 모세는 헤브라이인을 구원하라는 여호와의 음성을 듣고 이집트로 돌아왔다. 모세는 파라오와 협상을 벌여 헤브라이인이 이집트를 떠나도 좋다는 승인을 받아냈다. 그런데 막상 헤브라이인이 떠나고 나자, 이들이 훗날 화근이 될 것이라는 생각이 든 파라오는 군대를 보내 헤브라이인을 모조리 죽일 것을 지시하였다.

이때 모세가 이끄는 행렬은 홍해 앞에 도착해 바다를 건널 궁리를 하고 있었는데, 바로 근처까지 이집트 군이 추격해 왔다. 그러자 모세가 지팡이로 홍해를 갈라 헤브라이인들이 무사히 건너가게 했고, 모두 건너간 후에는 다시 바다가 합쳐져 이집트 군의 추격을 따돌릴 수 있었다고 한다. 모세가 헤브라이인을 구해 홍해 바다를 건너갔다는 이야기는 종종 영화나 애니메이션의 소재로도 활용된다.

지혜의 왕, 솔로몬

이집트를 탈출한 헤브라이인은 이스라엘 왕국을 세웠다. 이스라엘 왕국의 초대 왕은 사울이었고, 그다음 왕은 골리앗과의 싸움으로 유명한 다윗이었다. 이스라엘 왕국이 전성기를 맞았던 것은 제3대 왕 솔로몬(재위: 기원전 970~기원전 931)이 즉위하면서부

- **「솔로몬의 심판」**
  '지혜의 왕'이라고도 불렸던 솔로몬의 유명한 판결과 관련한 그림이다. 17세기 프랑스 화가 니콜라 푸생이 그린 작품이다.

터이다. 그는 왕국 전역에 지방관을 파견하여 중앙집권 체제를 강화하는 한편, 페니키아 등과의 교역을 통해 경제적 부를 축적했다. 이 시기를 '솔로몬의 번영'이라 부른다.

솔로몬 왕은 '지혜의 왕'으로도 불렸는데, 이와 관련한 다음 판결은 매우 유명하다. 사건의 발단은 이랬다.

어느 날 두 여인이 솔로몬을 찾아왔다. 이들은 비슷한 시기에 아기를 낳았는데, 그중 하나가 죽자 나머지 하나를 놓고 서로 자신의 아기임을 주장하고 나선 것이었다. 두 여인의 이야기를 들은 솔로몬은 각각 칼 한 자루씩을 주며 아기를 반으로 나누어 가지라 했다. 그러자 한 여인은 그렇게 하겠노라 했으나, 다른 여인은 그럴 수 없으니 차라리 자신이 포기하겠다고 했다.

이 말을 들은 솔로몬은 아기를 죽이지 말라고 한 여인이 진짜 엄마라 판결했다. 비록 이 판결은 과학적 증거에 입각한 것은 아니지만, 모든 사람의 고개를 끄덕이게 하는 판결이다.

지혜로웠던 솔로몬 왕은 그의 치세 말기에 점차 사치와 향락에 빠져들었다. 그는 자신이 머무를 궁전을 호화롭게 짓기 위해 백성을 강제로 동원하고 많은 세금을 부과하는 한편, 수많은 아내를 거느리고 국정을 제대로 돌보지 않았다. 그의 지혜가 오래가지는 못했던 셈이다.

솔로몬 왕이 죽은 후 이스라엘 왕국은 둘로 나뉘어 대립하였다. 이는 두 나라 모두의 국력이 약화되는 결과를 초래했는데, 북쪽의 이스라엘은 정치적 혼란을 계속하다 결국 아시리아에 멸망했고, 남쪽의 유대는 신바빌로니아에 무릎을 꿇고 말았다.

유대교, 유일신 신앙이 싹트다

신바빌로니아의 네부카드네자르 2세(재위: 기원전 604~기원전 512)는 유대를 멸망시킨 후 그 주민들을 바빌론으로 끌고 가 노예로 삼았다. 이때 끌려간 사람 수는 대략 5만 명으로 추산되는데, 이들은 지구라트 건설에 동원되는 등 노예와 같은 생활을 하였다. 그나마 이들에게는 어느 정도 종교의 자유가 허용되어 예배는 볼 수 있었는데, 이것이 삶의 유일한 낙이었을지도 모르겠다.

그런데 이때 헤브라이인이 겪은 고난은 오히려 그들을 종교적으로 단결하도록 했다. 그리고 이것은 모세의 율법을 근간으로 하고 여호와를 유일신으로 섬기는 유대교의 성립으로 이어졌다.

유대교의 성립은 인류사의 전개에서 큰 의미를 지닌다. 당시 대부분의 문명은 다신교적 전통을 갖고 있었다. 주된 신이 존재하기는 했으나 그 외에 여러 신도 함께 숭배했다.

예를 들어 바빌로니아에서는 마르둑(Marduk)이 주신의 위치에 있었으나, 그 외에도 수많은 신이 존재했다. 반면, 헤브라이인은 여호와만을 유일한 신으로 인정하고 자신들이 신으로부터 선택받은 민족이라 여겼다. 이러한 유일신 신앙은 훗날 크리스트교, 이슬람교에도 큰 영향을 주었는데, 이 두 종교는 오늘날 전 세계에서 큰 비중을 차지하고 있다.

헤브라이인의 고난은 계속되었다

고대 이스라엘이 멸망한 후, 헤브라이인은 전 세계로 뿔뿔이 흩어지고 말았다. 우리에게는 유대인이라는 호칭으로 익숙한 이들은 특히 상업 분야에서 두각을 나타내며 나름의 입지를 다져왔다. 그러나 유럽인들은 유대인을 부정적인 시선으로 바라보는 경향이 강했다.

셰익스피어(William Shakespeare)의 『베니스의 상인』에도 샤일록이라는 유대인이 등장한다. 그는 평소 자신을 무시해온 안토니오에 대한 복수심으로, 빌린 돈을 갚지 못하면 살 1파운드를 떼어내는 내용을 계약서에 담은 인물로 그려지고 있다. 중세 유럽인들이 유대인을 탐욕에 찌든 부류로 인식했음을 알 수 있다.

유대인에 대한 핍박이 극에 달한 것은 제2차 세계대전 기간 중이다. 독일의 히틀러(Adolf Hitler)는 인종 청소를 명분으로 유대

• 아우슈비츠 수용소
독일의 강제수용소이자 집단학살수용소이다. 이곳에서 제2차 세계대전 기간 중 나치에 의한 유대인 처형
이 집행되었다.

인을 체포하여 아우슈비츠 수용소에서 대거 학살했다. 많은 사
람이 유대인이라는 이유만으로 독가스실에서 처참히 죽어갔다.
이처럼 다른 민족에 대한 적대적인 시선은 종종 큰 비극으로 이
어지기도 한다.

　한국은 오랫동안 단일한 민족끼리 살아온 역사를 지니고 있
다. 그러나 최근에는 전 세계적으로 여러 민족이 함께 살아가는
추세가 이어지고 있고, 한국도 예외는 아니다. 여러 민족이 더불
어 살아가기 위한 지혜가 필요한 시점이다.

메소포타미아 지역은
현재 어떤 상태일까?

고대 메소포타미아 문명은 찬란했다. 그러나 메소포타미아 지역을 놓고 여러 민족·국가가 지배권을 다투면서 고대 문명의 흔적은 서서히 그 빛을 잃어갔다. 현재 이곳에는 이라크·쿠웨이트·이란·시리아와 같은 이슬람 국가가 들어서 있는데, 각국의 정치적 상황은 그다지 좋지 않다.

이라크에서는 1979년부터 사담 후세인이 집권하여 독재 정치를 실시했다. 후세인 정권은 1990년에 유전 지역을 확보하고 유가를 높이기 위해 쿠웨이트를 침공했고, 2003년에는 대량 살상 무기를 보유하고 있다는 이유로 미국의 공격을 받아 붕괴했다. 최근에는 IS와 반란군이 각지에서 활동하면서 내전이 끊이지 않고 있다.

쿠웨이트는 오랫동안 영국의 보호국 신세에 머물러 있다가

1961년에야 독립하였다. 1990년 이라크의 침공을 받아 합병될 뻔했지만 미국을 비롯한 다국적군의 개입으로 가까스로 위기를 모면하였다.

이란은 1979년 호메이니라는 걸출한 지도자를 앞세워 공화국 수립에 성공하였다. 그러나 이듬해인 1980년 영토 분쟁으로 이라크와 전쟁을 벌이게 되었고, 이것이 무려 8년이나 지속되며 국력을 크게 소모했다. 이후 하타미가 집권하여 경제 회복을 위해 노력하고 있다.

시리아에서는 하피즈 알 아사드가 30년 가까이 독재 정치를 실시하였다. 그가 죽은 후에는 둘째 아들 바샤르 알 아사드가 정권을 이어받았다. 이에 2011년부터 반정부 시위가 일어났는데, 여기에 주변 아랍 국가와 서방 국가가 개입하고 이슬람교 내부의 분열이 겹치면서 내전으로 발전하였다. 이러한 혼란 상황에서 IS가 시리아 북부를 점령하면서 상황은 더욱 악화되었다. 시리아 내전을 통해 30만 명 이상이 숨지고 1,000만 명이 넘는 난민이 발생하였다.

과연 이들 국가는 언제쯤 안정을 되찾게 될 것인가? 고대 메소포타미아 문명의 빛은 이대로 사라지고 마는 것인가?

도도하게 흐르는 나일강변에 거대하게 솟은 피라미드, 기묘한 생김새의 스핑크스, 금방이라도 일어날 것만 같은 미라…… 여러모로 이집트는 신비로운 느낌을 주기에 충분한 곳이다. 그래서일까. 우리 주변에서는 이집트를 무대로 한 영화나 소설을 쉽게 찾아볼 수 있다.

고대 이집트 사람들은 나일강, 그리고 태양신을 비롯한 각종 신에 의지해 살아나갔다. 이 두 가지면 현재의 삶을 풍요롭게 살 수 있을 뿐 아니라, 다음 생까지도 영생을 누릴 수 있다고 믿었다. 이는 신전이나 무덤을 짓는 등 고된 노동을 견뎌낼 수 있는 원동력이 되었다.

그러나 어느덧 고대 문명의 빛은 희미해졌고, 그 잔해만이 황량한 모래사막에 남아 있을 뿐이다. 과연 우리는 고대 이집트 문명에서 어떤 의미를 발견해낼 수 있을까?

제3장

이집트 문명

01

나일강의 선물, 이집트

오랜 세월 이집트 사람들은 나일강 주변에 모여들어 땅을 파고 고기를 잡으며 생활을 유지해왔다. 고대 이집트에 문명이 탄생할 수 있었던 것도 모두 나일강 덕분이었다. 일찍이 헤로도토스가 그의 저서 『역사』에서 "이집트 지역은 나일강의 선물"이라 말한 것도 이를 염두에 두고 한 말일 것이다. 그렇다면 나일강은 문명의 탄생에 어떠한 도움이 되었을까?

나일강은 이집트의 젖줄이었다

적도 부근에서 발원하여 사막과 초원 지대를 유유히 흘러 지

• 나일강의 모습
나일강은 전 세계에서 두 번째로 긴 강이다. 이집트인의 생활은 나일강과 밀접한 관련이 있다.

중해에 이르는 강, 바로 나일강이다. 나일강은 아마존 강에 이어 전 세계에서 두 번째로 긴 강으로, 그 길이가 6,671킬로미터, 지구 둘레의 약 6분의 1에 달한다. 나일강은 굽이굽이 뻗어나가며 곳곳에 생명을 탄생시킨다.

이집트인의 생활은 나일강의 정기적인 범람과 밀접한 연관을 갖는다. 이집트의 계절은 나일강의 범람을 기준으로 하여 다음 셋으로 나뉜다.

먼저 '아케트(Akhet)', 즉 '범람의 계절'이다. 이 시기 나일강 주

제3장 이집트 문명

변은 상류로부터 쏟아져 내려온 물로 잠겨버린다. 그러나 이집 트인에게 이것은 자연재해라기보다는 일종의 축복이다. 나일강 이 범람한 넉 달 동안 인근 농경지에는 상류에서 온 비옥한 양분 이 쌓이기 때문이다. 그동안 이집트인은 수위가 상승한 나일강 에 배를 띄워 물고기를 잡거나 가축의 번식에 힘쓰며 시간을 보 낸다. 그러다보면 서서히 나일강의 물이 빠지고 '성장의 계절' 인 '페레트(Peret)'가 넉 달가량 이어진다. 이제 농부들이 일할 때 이다. 농부들은 밤낮으로 토지를 개간하고 씨를 뿌리고 곡식을 재배한다. 이윽고 곡식이 다 자랄 때쯤 '수확의 계절'인 '세무 (Shemu)'가 넉 달간 지속된다. 농부들은 나일강이 내려준 넉넉함 에 감사하며 한 해 동안 키운 곡식을 정성껏 거두어들인다.

이처럼 이집트인은 나일강의 범람을 적절히 이용함으로써 풍 요로운 농경 생활을 지속할 수 있었다. 헤로도토스에 따르면 이 집트는 다른 지역보다 적은 노동력을 들이면서도 훨씬 많은 곡 식을 생산할 수 있었다고 한다.

이집트의 역사는 나일강의 역사

나일강은 이집트인에게 매우 위험한 존재이기도 했다. 나일강 이 예년보다 큰 규모로 범람하면 주변의 가옥을 쓸어버리고, 농경지도 흔적 없이 덮어버렸기 때문이다. 그러고 보면 자연 앞에 인간의 힘이란 참으로 미미하기 그지없는 것 같다. 사람이 우주에 다녀올 정도로 과학이 발달한 사회에서도 홍수와 같은 자연재해가 완전히 극복되지 못하고 있으니 말이다. 그러니 먼 옛날의 이집트인도 나일강이 범람하는 데는 어쩔 도리가 없었을 것이다. 어쩌면 이것도 다 신의 뜻이겠거니 하고 겸허히 받아들였을지도 모른다.

그렇다고 해서 이집트인이 두 손 놓고 아무것도 하지 않았던 것은 아니다. 인간은 자연에 순응하지만 때로는 자연을 적절히

• **고대 이집트인의 농업**
이집트인은 나일강의 범람을 이용한 농경 생활을 했다. 가축을 끌고 농사를 짓는 모습이 그려져 있다.

통제하기도 한다. 그것이 지구상의 생명체 가운데 인간만이 문명을 건설할 수 있었던 비결인지도 모르겠다.

고대 이집트인은 나일강을 적절히 통제할 수 있는 지식과 기술을 갖추고 있었다. 이집트인은 태양력을 만들고 천문을 관측하여 나일강이 언제쯤 범람할지, 언제쯤 농사를 지을 수 있을지를 미리 알고 대비했다. 마을 근처에는 제방을 쌓아 나일강의 범람으로 인한 피해를 줄여보려고 했다. 나일강이 범람하며 엉망이 된 토지 경계를 다시 예전처럼 정확히 복구할 수 있는 측량술도 갖추고 있었다. 이처럼 이집트인은 나일강이 매년 범람하는 자연 조건 속에서도 나름의 생존 방식을 찾아냈다.

재미있는 사실은 20세기 이집트에서는 나일강의 범람 자체를 통제하려 했다는 것이다. 이제 인간이 자연을 완전히 지배할 수 있다는 자신감의 표현이었을 것이다. 그렇다면 그 결과는 어땠을까?

1960년, 이집트 정부는 나일강 중류에 아스완 하이댐을 건설할 계획을 세웠다. 높이가 100미터를 훌쩍 넘고, 제방 길이만도 3.6킬로미터에 달하는 거대한 댐을 건설하겠다는 것이었다. 여기에는 천문학적 비용이 필요했으므로 소련(오늘날의 러시아)으로부터 일부 자금을 빌리기까지 했다. 이집트 정부는 아스완 하이

댐이 막대한 경제적 이익을 가져다주리라 확신했다.

그러나 결과는 정반대였다. 댐이 건설되면서 그동안 나일강이 실어다주던 양분 공급이 중단되어 토지가 황폐해졌다. 그리고 제대로 흐르지 못하게 된 나일강은 수질이 급격히 나빠졌고, 일부 지역에서는 생활용수로도 활용하지 못할 지경에 이르렀다. 이처럼 인간이 자연을 지배하려는 섣부른 시도는 재앙으로 이어지기도 한다. 자연은 지배해야 할 대상이라기보다는 함께 공존해야 할 대상이다.

02

태양신 라의 아들, 파라오

이집트의 왕은 파라오(Pharaoh)라 불린다. 파라오는 전 세계 어느 국가의 왕보다도 강력한 권력을 가졌던 왕으로, 이집트를 이해하기 위한 가장 핵심적 열쇠이다. 고대 이집트 왕조의 여러 파라오가 살아간 자취를 통해 이집트 사회를 좀 더 심층적으로 살펴보자.

파라오는 그 누구보다 강력한 군주였다

파라오는 태양신 라(Ra)의 아들로 여겨졌다. 여러 파라오 중에서도 '람세스'는 아예 '라에 의해 태어났다'는 뜻을 가졌을 정도이다. 따라서 파라오의 즉위식은 매우 성대히 거행되었다. 이때 파라오는 붉은 왕관과 흰색 왕관을 쓰고 이집트 전체의 통치자로 인정을 받았다. 그리고 즉위한 첫해 이집트 전역을 순례하며 자신의 위세를 드높였다.

파라오가 이집트를 통치하는 모습은 제각각이었지만, 대부분의 파라오가 공통적으로 추진한 사업은 신전·전승탑·피라미드·스핑크스 건설과 같은 대규모 토목공사였다. 특히 피라미드는 파라오의 무덤이었기에 수많은 노동력을 투입하여 정성스레 지었다. 단언컨대 파라오가 곧 이집트였다.

그렇다면 파라오는 이집트의 그 누구보다도 행복한 사람이었을까? 우리는 한 나라의 왕이라면 무엇이든 하고 싶은 대로 할 수 있었으리라 생각한다. 그러나 오히려 그 반대였다. 조선시대의 왕만 하더라도 아침 일찍부터 정해진 일과에 따라 움직여야 했고, 법도에 어긋나는 경우에는 신하들의 잔소리에 시달릴 수밖에 없었다. 이집트의 파라오 또한 막대한 권한을 가진 만큼 반드시 지켜야 할 의무도 많았다.

파라오에게는 일상의 자유가 거의 없었다. 공적생활에서부터 사적인 일상생활에 이르기까지 모든 것이 법에 규정된 대로 운영되었다. 파라오는 신성한 권위를 지니는 존재였으므로, 역설적으로 함부로 행동할 수도 없었던 것이다.

피라미드를 짓기 시작하다

고대 이집트는 스스로 역사를 기록하지 않았다. 이집트가 꽤
번성한 국가였던 것을 생각해볼 때 선뜻 이해되지 않는 부분인
데, 심지어 그 이유에 대해서도 알려져 있지 않다. 그러다보니 고
대 이집트의 역사는 불분명한 점이 많다. 그나마 기록상 그 존재
가 확실한 것은 제3왕조부터인데, 여기서부터 제6왕조까지를 고
왕국(기원전 2686~기원전 2181)이라 부른다. 나일강 하류의 멤피스에
수도를 둔 고왕국은 상당한 번영을 누렸던 것으로 보인다.

제3왕조의 첫 파라오는 사나크테(Sanakht)이다. 이에 대한 기록
은 매우 적을뿐더러, 이에 대한 학자들의 해석도 엇갈리고 있다.
사나크테는 시나이 반도의 광산을 확보하는 등 왕국의 토대를
마련했던 것으로 여겨진다.

다음 파라오인 조세르(Djoser)부터는 피라미드를 건설하기 시
작하였다. 당시 이집트의 재상은 임호텝이었다. 임호텝은 건축
에 천부적인 재능이 있었다. 조세르는 임호텝에게 자신이 죽은
후 하늘로 올라갈 수 있는 무덤을 만들 것을 지시했고, 임호텝은
계단형 피라미드를 만들어냈다. 이 피라미드는 후대에 나타나는

• 조세르의 석상
조세르의 피라미드에서 발견된 석상이다. 눈에 있던 보석이 도굴된 채 발견됐다. 눈이 움푹 들어가 기괴한 느낌을 준다.

전형적인 피라미드의 모습과는 사뭇 다르다.

그러나 이때부터 피라미드가 건설되기 시작했다는 점은 파라오의 권위가 한층 높아졌음을 보여주는 대목이다. 조세르의 피라미드에서는 그의 석상도 함께 발견되었는데, 눈이 움푹 들어가 상당히 기괴한 느낌을 준다. 원래 조세르의 눈 부분에는 각종 보석이 붙어 있었지만 도굴꾼이 훔쳐가버리면서 이러한 모양이 되어버린 것이다.

제3장 이집트 문명

제4왕조는 명실상부한 '피라미드의 시대'였다. 제4왕조를 연 스네프루(Sneferu)는 대외 원정을 통해 막대한 부를 축적했다. 이를 바탕으로 스네프루는 무려 세 개의 피라미드를 지었는데, 하나는 이전 파라오인 후니(Huni)의 피라미드, 나머지 두 개는 자신을 위한 피라미드였다. 이때부터 전형적인 형태의 피라미드가 발견된다.

두 번째 파라오 쿠푸(Khufu)도 세 개의 피라미드를 지었다. 그 중 가장 큰 피라미드는 높이가 140미터나 된다. 나머지 두 개는 왕비를 위한 것이다. 헤로도토스에 따르면 쿠푸는 피라미드를 짓기 위해 백성을 가혹하게 착취했다고 하지만, 이는 다소 과장된 서술로 받아들여지고 있다. 실제로 쿠푸는 매우 명석하고 과감하여 이집트의 영토를 넓히고 왕권을 강화한 파라오였다.

네 번째 파라오 카프레(Khafre) 때는 처음으로 피라미드 옆에 스핑크스를 세웠다. 스핑크스는 카프레의 얼굴을 본뜬 것으로 보이는데, 긴 세월 탓인지 곳곳이 흉터로 가득하고 코는 떨어져 나가 뭉툭해졌다. 일설에는 나폴레옹(재위: 1804~1814)군대가 스핑크스의 코를 대포로 날려버렸다고 하는데, 최근 여러 학자들은 스핑크스의 코는 나폴레옹의 이집트 원정 이전 이슬람 세력이 이집트를 지배하던 때 이미 훼손되었던 것으로 보고 있다.

• **카프레의 피라미드와 스핑크스**
카프레는 네 번째 파라오로, 피라미드 옆에 스핑크스를 세운 최초의 파라오이기도 하다.

스핑크스에는 재미있는 이야기가 함께 전해온다. 고대 이집트 테베에는 스핑크스라는 동물이 있었다. 스핑크스는 지나가는 여행객을 가로막고 "새벽엔 다리가 네 개이고, 낮엔 두 개이며, 저녁엔 세 개인 동물은 무엇인가?"라고 물었다. 만약 이 질문에 제대로 대답하지 못하면 스핑크스는 그들을 잡아먹어버렸기 때문에 이곳을 오가는 사람들에게는 공포의 대상이었다.

어느 날 오이디푸스가 스핑크스를 찾아왔다. 그는 스핑크스의 질문에 "정답은 사람이다. 태어나서는 네 발로 기어 다니고, 커서는 두 발로 서서 다니며, 늙어서는 지팡이를 짚고 다니기 때문이다"라고 답했다. 스핑크스는 오이디푸스가 쉽게 정답을 맞힌 것에 분을 참지 못하고 스스로 목숨을 끊었다고 한다. 그런데 이 전설은 어떤 맥락에서 나온 것인지조차 확실하지 않다. 여러모로 스핑크스는 미스터리한 존재이다.

고왕국 말기에는 파라오의 계승 분쟁이 잦아지며 정치적 혼란이 지속되었다. 이후 제11왕조와 제12왕조의 중왕국(기원전 2040~기원전 1782)이 들어서 나일강 중상류의 테베에 수도를 두었으나 얼마 가지 않아 쇠퇴했다. 이후 이집트는 서아시아에서 이주해온 힉소스인의 침략을 받아 그 지배 아래 놓였다. 중왕국 때도 여러 파라오가 통치했지만, 별도로 언급할 만한 업적이 눈에 띄지 않으므로 자세한 설명을 생략한다.

이집트의 영광이 지속되다

힉소스인을 몰아내고 다시 이집트 왕조를 재건한 것은 제18왕조의 아흐모세 1세(Ahmose I)로, 이때부터 제20왕조까지를 신왕국(기원전 1550~기원전 1070)이라 부른다. 이 시기 이집트는 국력을 회복하여 전성기를 누렸다.

제18왕조의 제5대 파라오 하트셉수트(Hatshepsut)는 이집트 역사상 몇 안 되는 여왕이다. 그녀는 어려서부터 공주로서의 각종

교육을 착실히 받았던 탓에 총명하고 권모술수에도 능했다. 하트셉수트는 파라오 계승 관계가 불안정한 상황을 틈타 권력을 장악했고, 결국 파라오의 자리에까지 올랐다. 하트셉수트가 통치한 20여 년 동안 이집트는 번영을 누렸고, 각지에는 신전과 오벨리스크가 속속 들어섰다. 특히 데이르 엘-바리의 절벽에 조성된 사원은 하트셉수트를 위한 공간으로 눈길을 끈다.

그런데 하트셉수트는 국가의 공식 행사에 나설 때 항상 수염을 붙여 남자인 양 변장했다고 한다. 그녀가 번거로움을 무릅쓰

• 하트셉수트의 사원
하트셉수트의 사원은 이집트의 가장 아름다운 건축물이라는 찬사를 받기도 한다. 데이르 엘-바리의 절벽에 조성되어 있다.

면서까지 이렇게 했던 이유는 무엇일까? 아마 그녀는 자신이 여성이라는 사실이 퍼지면 파라오의 권력 행사에 불리하게 작용할 것이라 생각했던 듯하다.

이러한 이집트의 대내적 안정을 바탕으로, 제8대 파라오 아멘호테프 3세(Amenhotep III)는 시리아·팔레스타인 지역으로 대외 원정을 감행하였다. 그 결과 이집트는 막대한 부를 축적하여 인근 지역에서 가장 부강한 나라가 되었다. 아멘호테프 3세는 룩소르 인근에 거대한 신전을 지었는데, 오늘날 많은 방문객이 이곳을 찾고 있다.

제12대 파라오 투탕카멘(Tutankhamun)은 죽은 후에야 더욱 유명해진 파라오이다. 그의 생애에 대해서는 자세한 기록이 없지만, 그의 무덤이 1922년 거의 도굴당하지 않은 모습으로 발견되면서 전 세계의 이목을 집중시켰다. 투탕카멘의 무덤에서는 황금 가면을 비롯한 수만여 점에 달하는 유물이 쏟아져 나왔다. 오늘날 우리 화폐 가치로 따지면 무려 수십조 원에 달한다고 하는데, 이를 통해 이 시기 이집트의 국력이 어느 수준이었는지 충분히 짐작할 만하다.

제19왕조의 제3대 파라오 람세스 2세(Ramses II)는 그 누구보다도 유명한 파라오이다. 그는 일찍이 열다섯 살부터 아버지를 따

• 투탕카멘의 황금 가면
제12대 파라오 투탕카멘의 무덤은 거의 도굴되지 않은 상태로 발견됐다. 무덤 내부에서 수만여 점에 달하는 유물이 나왔다.

라 전쟁터를 두루 경험한 인물이다. 파라오가 된 후에는 풍부한 경험을 바탕으로 히타이트와 격돌하여 팔레스타인 지방의 패권을 다투었고, 나일강 상류의 누비아 지방까지 원정하여 영토를 크게 확장했다. 이후 그는 아부심벨 신전, 카르나크 신전 등을 세워 자신의 치세를 왕국 전역에 과시했다.

아부심벨 신전은 거대한 사암 절벽을 수많은 장인이 20년 이상 공들여 깎아 만든 결과물이다. 원래는 다양한 색채로 꾸며졌

을 것으로 보이지만 지금은 모두 사라지고 절벽 본연의 황토색
만 처량히 남아 있다. 신전의 정면에는 높이 30미터에 이르는 람
세스 2세의 조각상 4개가 놓여 있고, 신전 안에는 수많은 조각상
과 벽화가 그려져 있어 람세스 2세의 화려한 치세를 짐작케 해준
다.

그러나 람세스 2세 이후 이집트의 국운이 점차 기울면서 아부
심벨 신전은 오랫동안 버려진 채 방치되었다. 사막의 모래바람

은 사람의 발길이 끊긴 신전을 조용히 묻어버리고 말았다.

그렇게 수많은 세월이 흘러, 몇몇 호기심 많은 모험가에 의해 이 신전은 다시 세상 밖으로 나올 수 있었다. 파라오의 시간은 다시 흐르고 있다.

03

피라미드의 신비

이집트를 생각하면 피라미드가 가장 먼저 떠오른다. 이집트 여행 코스에서 빠지지 않는 곳도 바로 피라미드이다. 그런데 피라미드는 단지 규모만 큰 건축물은 아니다. 여기에는 옛 이집트인의 다양한 지식과 관념이 집약되어 있는데, 그만큼 아직도 풀리지 않는 수수께끼들도 함께 간직하고 있다. 지금부터 피라미드의 세계 속으로 들어가보자.

피라미드를 만든 이유는 무엇일까?

나일강 서쪽의 모래사막에 뾰족하게 솟은 피라미드. 이집트인은 왜 피라미드를 건설했을까? 피라미드는 파라오의 무덤이라는 것이 가장 일반적인 설명이다. 파라오의 영원한 안식을 위해 수많은 노동력을 동원해 지은 건축물이라는 것이다. 실제로 피라미드는 그 내부가 무덤 구조로 되어 있기 때문에 파라오의 무덤이라고 보는 것이 자연스럽다.

그런데 이집트가 피라미드를 조성한 목적이 단순히 무덤을 만들기 위해서는 아니었던 것 같다. 피라미드 건축과 같은 대규모 공사에는 여러 정치·사회적 의도가 숨겨져 있는 경우가 많다. 물론 우리가 당시 이집트인의 생각을 그대로 읽어낼 수는 없지만,

• 파라오 쿠푸의 피라미드
파라오 쿠푸의 피라미드에는 천문학적 · 수학적 지식을 비롯한 고도의 지식이 반영되어 있다.

피라미드를 분석해보면 그들의 의도에 어느 정도 근접할 수 있을 것이다.

피라미드의 모양과 크기는 정확한 계산을 바탕으로 만들어졌다. 예를 들어 쿠푸의 피라미드는 밑면이 정사각형 모양으로 되어 있다. 옆면은 네 개의 이등변 삼각형이다. 즉 전체적으로 보았을 때는 정사각뿔의 모형이다. 쿠푸 왕의 피라미드는 길이를 정확히 맞추어 만든 것이다.

이뿐만이 아니다. 이 피라미드의 총 둘레 길이를 높이의 두 배로 나누면 거의 원주율(π)에 가까운 숫자가 나온다. 이것이 우연이었을까, 아니면 이집트인은 원주율이라는 수학적 지식을 갖추고 있었던 것일까? 아마 후자였을 것이다.

또한 피라미드는 천문학적 지식에 따라 배치되었다. 쿠푸의 피라미드의 네 꼭짓점은 정확히 동서남북을 가리키고 있다. 또한 쿠푸 왕의 시신이 안치된 방에는 두 개의 환기창이 나 있는데, 북쪽 환기창은 북극성을, 남쪽 환기창은 시리우스성을 가리키고 있다. 이집트인은 천문학에 대한 조예가 깊었을 뿐 아니라, 이를 피라미드의 배치에도 적용했음을 알 수 있다. 여기에는 파라오의 사후 세계를 더욱 안락하게 만들고 싶었던 이집트인의 소망이 담긴 것인지, 아니면 우리가 알지 못하는 다른 이유가 있는 것인지는 여전히 풀리지 않은 궁금증으로 남아 있다.

최근에는 피라미드를 건설하는 데 투입된 사람들이 노예가 아니라 일반 평민이었다는 주장이 제기되고 있다. 이집트에서 발굴된 파피루스의 기록에 따르면, 피라미드 건설에 참여한 사람들은 파라오와 계약을 맺고 일하는 일종의 노동자였다는 것이다. 이들은 노동의 대가로 식량을 지급받았을 뿐 아니라, 적절한 노동 시간과 휴일을 보장받고 있었다. 심지어 임금이 체불되자 노동자들이 파업을 벌였다는 기록도 남아 있다. 일부 학자는 이를 근거로 피라미드 건설이 일종의 복지사업이었다고 주장하기도 한다. 나일강이 범람하여 농사를 지을 수 없는 기간에 사람들을 동원하여 피라미드를 짓고 임금을 지불함으로써 실업 문제를 해결했다는 것이다. 만약 이 주장이 옳다면 고대 이집트 왕조는 상당히 체계적인 경제정책을 펼쳤다고 이해할 수도 있겠다.

피라미드는 대체 어떻게 만들었을까?

피라미드는 엄청나게 큰 건축물이다. 그래서 사람의 노동력만으로 피라미드를 지었다는 것은 선뜻 믿기지 않는다. 특히 쿠푸의 피라미드는 높이가 무려 140여 미터에 달하는 것으로, 헤로도토스는 이 피라미드를 만들기 위해 해마다 10만 명이 3개월 정도씩 20여 년간 동원되었다고 기록했다. 물론 이 기록에 다소 과장이 있을 수 있지만, 엄청난 노동력이 투입되었다는 것만은 사실일 것이다.

쿠푸의 피라미드를 지탱하는 돌은 무게가 2톤이 넘고, 그 숫자도 230만 개에 달한다. 이 많은 돌은 어디서 났고, 어떻게 운반해 온 것일까? 피라미드를 쌓는 데 필요한 돌은 인근 채석장에서 구한 것으로 알려져 있다. 물론 돌을 채취하는 것도 결코 쉬운 일은 아니었을 것이다. 피라미드를 쌓기에 적당한 크기로 잘라야 했을 테니 말이다.

채석장에서 피라미드를 쌓을 곳까지 돌을 운반하는 것은 더욱 어려운 일이다. 이집트인이 돌을 운반했던 방법에 대해서는 여러 가설이 있다. 첫째, 돌 아래에 통나무 몇 개를 깔고 이를 밀어서 운반했다는 주장이다. 둘째, 돌을 배에 실은 후 나일강에 띄워 운반했다는 주장이다. 셋째, 일종의 썰매와 같은 방법을 이용했다는 주장이다. 채석장에서 피라미드에 이르는 긴 내리막 경사로를 건설하고, 여기에 물을 적셔 단단하게 만든 다음 돌을 아래까지 끌어 왔다는 것이다. 그러나 어떤 방식이 이집트인의 실제 방식과 일치하는지 현재로서는 정확히 알기 어렵다.

그러면 이렇게 운반해 온 돌은 어떻게 쌓아 올린 것일까? 이

• **피라미드의 건설 모습**(상상도)
이집트인이 돌을 운반했던 방식에 대해서는 여러 가설이 있다. 피라미드는 경사로를 적절히 활용한 방식으로 건설됐을 가능성이 크다.

에 대한 답은 지금까지 제기되어온 여러 가설 중 하나를 소개하 겠다. 이에 따르면 피라미드 건설 초기에는 외부에서 경사로를 쌓고 이곳으로 돌을 밀어 올려 쌓는다. 그러나 피라미드가 어느 정도 높아지고 나면 이 방법으로 돌을 올리는 것은 거의 불가능 하다. 이때부터는 피라미드 외곽을 따라 경사로를 만들어 돌을 올린다. 이러한 방법으로 이집트인은 사람의 힘만으로도 피라미 드를 쌓을 수 있었을 것이다.

04

이집트인은 영혼 불멸을 믿었다

우리는 아침에 일어나 저녁에 잠들 때까지 다양한 방식으로 일상을 살아간다. 만약 우리의 삶이 오늘로 끝나고 죽음이 찾아온다면, 내일의 우리는 어디에서 어떤 모습으로 존재하는 것일까? 고대 이집트인은 삶과 죽음이 하나의 고리처럼 이어져 있다고 생각했다. 그렇다면 이들은 사후 세계를 어떻게 준비해나갔을까?

미라는 부활을 위한 필수품이었다

고대 이집트인은 누구나 죽으면 미라를 만들었다. 부활하기 위해서는 육체가 온전히 보존되어야 한다고 믿었기 때문이다.

만약 육체가 사라지면 영혼 또한 완전히 소멸되어버린다고 생각했다. 이집트인 말고도 미라를 만들었던 민족이 있었지만, 전 세계에서 이집트인이 가장 열심히 미라를 만들었다.

미라의 제작 과정은 다음과 같다. 가장 먼저 죽은 사람의 몸을 깨끗하게 씻는다. 그러고는 몸속에 들어 있는 장기를 꺼낸다. 장기가 부패하는 것을 방지하기 위해서이다. 그런데 장기를 빼내는 과정에서 신체가 크게 훼손되어서는 안된다. 그래서 뇌는 콧구멍을 통해 집게를 집어넣어 빼내고, 뱃속의 장기는 작은 구멍을 뚫어 조심스레 꺼냈다.

이때 유일하게 꺼내지 않는 것이 있었으니 그것은 바로 심장이었다. 심장은 부활을 위해 반드시 필요한 것으로 여겨졌기 때문이다. 심장을 제외한 나머지 장기는 뚜껑이 있는 함에 넣어 따로 보관했다. 그다음 시체를 건조시키고 지위에 걸맞게 치장하는데, 상류층의 미라는 화려한 옷과 보석으로 꾸며졌다. 마지막으로 천으로 시체를 싸면 드디어 완성이다. 이렇게 복잡한 과정을 거친 후에야 죽은 사람은 미라의 형태로 매장될 수 있었다.

그런데 고대 이집트인은 사람뿐만 아니라 동물도 미라로 만들었다. 지금까지 발견된 동물 미라는 수천만 마리에 달하고, 그 종류도 고양이·개·원숭이·새 등 매우 다양하다. 이렇게 발굴된 동물 미라의 일부는 박물관에 전시되어 있다. 그러나 동물 미라의 수가 너무 많다보니 이를 모두 박물관에서 보관할 수는 없는 일이었다.

애물단지가 된 동물 미라는 대부분 화학 비료로 활용되었다. 있는 그대로, 또는 태운 채로 땅에 묻어 토지에 양분을 공급하는 것이다. 이런 처리 방식에 대한 사람들의 생각은 엇갈리고 있다. 일부는 고대 유물의 훼손이라 반발하는가 하면, 다른 쪽에서는 쓸모없는 유물을 실용적으로 잘 처리했다고 평가하고 있다.

『사자의 서』로 사후 세계를 가다

이집트인이 죽으면 미라와 함께 묻히는 사후 세계의 안내서가 있었다. 그 이름은 바로 『사자(死者)의 서』, 쉽게 말하면 '죽은 자의 책'이다. 이집트인에게 죽음이란 영혼이 잠시 저승에 가 심판을 받는 기간에 불과했다. 이 때문에 죽은 자가 다시 살아날 수 있도록 일종의 안내서를 만든 것이다. 『사자의 서』에 일반적으로 기록된 내용을 살펴보면 다음과 같다.

죽은 사람의 영혼은 배에 실려 서쪽으로 가게 된다. 이후 저승의 신 오시리스의 심판대까지 가기 위해서는 수많은 성문을 통과해야 한다. 이곳은 문지기가 지키고 있는데, 이들의 이름을 불

• 『사자의 서』
이집트인은 사후 세계에 대한 일종의 안내서인 『사자의 서』를 제작했다. 이를 통해 이집트인이 사후 세계를 믿었음을 알 수 있다.

러주어야 성문을 열어주기 때문에 『사자의 서』에는 문지기의 이름도 기록되어 있다. 험난한 여정을 통과하면 마침내 오시리스의 앞에 도착한다.

그러나 오시리스 앞에 도착했다고 해서 누구나 부활할 수 있는 것은 아니다. 『사자의 서』에는 큰 저울이 그려져 있다. 죽은 자의 심장을 저울에 올려 그 무게를 다는데, 살아 있었을 때 나쁜 일을 많이 했다면 심장이 무거워진다. 만약 심장이 깃털보다 무거워 아래로 내려가면 저울 옆에 있는 악어의 형상을 한 신이 씹어 먹어버려 영생의 꿈은 물거품으로 돌아가버린다. 심장을 무사히 지킨 자만이 오시리스를 만나 부활의 자격을 얻게 된다.

이처럼 『사자의 서』를 통해 이집트인이 사후 세계를 믿었음을 확인할 수 있었다. 그런데 죽은 자들이 무조건 부활하는 것은 아니었다. 앞서 설명했듯 살아 있을 때 나쁜 일을 하지 않아야만 부활할 수 있었다. 그러면 이집트인은 사후 세계를 믿으면서도 현실 세계의 중요성도 인식하고 있었던 것 아닐까? 현재의 삶을 착하고 바르게 살아야 다음 생애도 기약할 수 있었으니 말이다.

부활을 위한 집념, 오시리스 신화

이집트인이 여러 신을 믿었던 만큼, 이집트에는 여러 신화가 존재한다. 수많은 신화 중 가장 흥미로운 것으로는 오시리스 신화를 꼽고 싶다. 오시리스 신화는 마치 한 편의 잔혹 동화와도 같다.

오시리스 신화의 주인공은 오시리스와 그의 쌍둥이 누이 이시스이다. 당시 이집트 왕실에서는 근친혼이 일반적이었기에. 남매 사이였던 오시리스와 이시스는 결혼하여 28년 동안이나 이집트를 훌륭하게 통치했다. 그런데 이런 오시리스와 이시스를 질투하는 이가 있었으니, 바로 그들의 동생 세트였다. 야망이 컸던 세트는 오시리스를 제거하고 왕이 될 기회를 호시탐탐 노렸다.

그러던 어느 날 세트가 아름다운 관 하나를 들고 왔다. 그러고는 "이 관에 꼭 맞는 사람에게 선물로 주겠다"고 했다. 이에 여러 사람이 관에 누워보았으나 맞는 사람은 없었다. 그도 그럴 것이 그 관은 오시리스의 체형에 꼭 맞춰서 만들어 온 것이었기 때문이다. 마지막으로 오시리스가 관에 들어가 눕자, 세트는 재빨리 뚜껑을 덮어 봉해버리고는 나일강에 던져버렸다.

갑작스레 남편을 잃은 이시스는 큰 슬픔에 빠진 채 오시리스를 찾기 위해 각지를 떠돌았다. 지성이면 감천이라 했던가. 이시스는 페니키아의 비블로스에 이르러 오시리스의 시신을 찾을 수 있었다. 그런데 세트의 악행은 정말이지 끝이 없었다. 그동안 세트는 이시스를 계속해서 감시해오고 있었다. 이시스가 오시리스의 시신을 찾고 나자, 이번에는 오시리스의 시신을 여러 조각으로 나누어 이집트 곳곳에 흩어놓고 말았다.

이시스는 더욱 굳은 의지를 갖고 또다시 여행길에 올랐다. 세트가 오시리스의 시신을 여러 조각으로 나누어놓아 찾기가 쉽지 않았지만 이시스는 기어코 대부분의 조각을 찾아냈고, 이를 꿰매자 오시리스는 부활했다. 이후 오시리스는 저승 세계를 다스리는 신이 되었다.

한편, 오시리스와 이시스 사이에는 호루스라는 아들이 있었다. 호루스는 아버지의 원수인 세트를 물리치기 위해 힘을 길렀다. 마침내 모든 준비를 마친 호루스는 세트에 도전장을 내밀었고, 치열한 전투 끝에 승리를 거두어 새로운 왕이 되었다. 호루스와 세트로 대표되는 선과 악의 대결은 오시리스 신화의 가장 극적인 장면이다.

기본적으로 '신화'란 신에 대한 이야기이다. 그러나 신화를 만들어내는 것은 인간이므로, 신화에는 인간의 이야기나 생각이 담겨 있다고 할 수 있다. 그렇기 때문에 역설적으로 신화는 인간에 대한 이야기이다. 그러므로 신화를 단지 흥밋거리로만 생각하기보다는, 신화에 반영된 당시의 현실에도 관심을 가져볼 필요가 있다.

박학다식했던 이집트인

문명이 지속적으로 발전해나가기 위해서는 톱니바퀴처럼 조직된 수많은 지식이 필요하다. 이집트 문명도 예외는 아니었다. 그런데 이집트인은 특히 호기심이 많은 민족이었다. 이들은 모든 것을 알고 싶어 했고, 때로는 그 답을 찾기도 했다. 과연 이집트인의 지식 체계는 어떠했을까?

히에로글리프, 고대 이집트로 통하는 문이 열리다

이집트의 문자는 '히에로글리프(hieroglyph)'라 불린다. 히에로글리프는 이집트어로 '신성한 문자'라는 뜻을 갖고 있기에 '신성

문자'라고도 불리고, 사물의 모양을 본떠 만들었다고 하여 '상형
문자'라고도 불린다. 처음에는 이집트 문자를 전혀 이해하지 못
했지만, 놀랍게도 현재 대부분의 이집트 문자는 해독이 가능하다.

　18세기가 저물어가던 1799년, 나폴레옹이 이끄는 프랑스 군
이 이집트 원정 과정에서 로제타석이라 불리는 비석 하나를 발
견했다. 여러 학자가 로제타석에 빼곡히 새겨진 이집트 문자에
관심을 갖고 이것을 해독하기 위해 노력했다. 그중에서도 영국
의 물리학자이자 고고학자인 영(Thomas Young)과 프랑스의 학자
샹폴리옹(Jean Francois Champollion)은 로제타석 해독에 가장 앞서
있었다. 로제타석을 해독하는 작업은 점차 각국의 자존심을 건

• 이집트인이 벽에 새긴 문자
고대 이집트인이 새긴 문자가 해독됨에 따라 이들이 어떻게 살았는지 연구할 수 있게 되었다.

경쟁으로 발전해나갔다.

최종 승자는 샹폴리옹이었다. 언어학에 천재적인 재능을 갖고 있었던 그에게도 로제타석의 해독은 결코 쉬운 일이 아니었다. 샹폴리옹은 무려 20년 동안 밤낮으로 연구한 끝에 겨우 그 의미를 알아낼 수 있었다. 이후 샹폴리옹은 이집트 곳곳에 남아 있는 이집트 문자를 직접 살펴보고는 자신의 해독이 맞았음을 확신하게 되었다. 불운하게도 샹폴리옹은 42세의 나이로 요절하고 말았지만, 그의 작업이 없었더라면 고대 이집트 문자는 오랫동안 베일에 가려져 있었을 것이다.

이집트 문자는 주로 신전이나 무덤, 오벨리스크 등에 새겨져 있다. 여기서는 태양신 라를 찬양하거나 왕의 업적을 칭송하는 내용을 쉽게 찾아볼 수 있다. 한편 이집트 문자는 파피루스에 기록되기도 했다. 이집트인은 나일강의 습지대에서 파피루스라는 일종의 갈대를 두루마리 모양으로 만들고는 여기에 각종 기록을 남겼다. 이집트 문자가 적힌 파피루스는 아직도 곳곳에서 발견되고 있다.

이집트인은 태양력을 만들어냈다

밤하늘의 수많은 별, 마치 어디선가 쏟아져 나온 것처럼 경이

롭다. 별은 사람들을 가만히 내려다보며 자신의 궤도를 묵묵히 흘러간다. 이러한 점에서 별은 그동안 선망의 대상이자, 관찰의 대상이 되었다.

고대 이집트인은 천체의 운행과 계절의 변화가 밀접한 관련이 있음을 알고 있었다. 이집트인이 가장 관심을 가졌던 별은 시리우스였다. 시리우스는 밤하늘에 가장 밝게 빛나는 별로, 태양이 떠오르기 직전 시리우스가 동쪽 하늘에 나타나면 이는 곧 나일 강의 범람이 임박했음을 의미하는 것이었다. 이집트인은 이러한 현상이 대략 365일을 주기로 나타나는 것에 착안하여, 이를 1년으로 삼는 태양력을 만들어 사용했다.

이집트의 태양력은 로마에도 전해졌다. 로마의 지도자 카이사르(Gaius Julius Caesar)는 로마의 달력이 부정확하여 계절을 제대로 알려주지 못할 지경에 이르자 이집트의 태양력을 도입했다. 이때 카이사르는 1년의 길이를 365.25일로 삼아 기원전 46년부터 시행했는데, 이것이 바로 율리우스력이다. 이집트의 태양력을 바탕으로 만들어진 율리우스력은 로마 제국의 팽창과 함께 전 세계로 확산되었다.

율리우스력에 따른 1년은 실제로 태양이 한 바퀴 도는 시간과 거의 일치했지만, 완전히 같지는 않아 대략 11분의 차이가 났다.

이에 128년마다 하루 정도의 차이가 생기게 되었다. 물론 당장은 매우 작은 차이라 할 수 있지만, 오랜 세월이 지나면 그 차이가 상당히 커져버린다.

이 때문에 16세기에 교황 그레고리우스 13세는 새롭게 역법을 제정하여 율리우스력의 오차를 줄이고자 했다. 이 역법은 그레고리력이라 불리는데, 지금도 세계 각지에서 사용되고 있다. 즉 오늘날 우리는 이집트의 태양력에 많은 부분을 빚지고 있는 셈이다.

이집트인은 세계에서 가장 건강한 민족이었다

고대 그리스의 시인이라고 하면 단연 호메로스를 꼽을 수 있다. 호메로스의 서사시 『일리아스』와 『오디세이』는 아직까지도 많은 독자들의 사랑을 받고 있다. 호메로스는 이집트에 대해 의학이 가장 발달한 국가라 칭찬한 바 있다.

한편 고대 그리스의 역사가 헤로도토스는 그의 『역사』라는 책에서 이집트인을 전 세계에서 가장 건강한 사람이라 기록하였다. 이 두 사람은 이집트를 왜 이처럼 평가했던 것일까?

고대 이집트는 종교가 지배한 사회였다. 이집트인은 태양신 라를 비롯한 여러 신을 신봉했다. 그러다보니 이집트의 의학에도 종교적 색채가 강하게 반영될 수밖에 없었다. 조세르 왕 때 재상을 지냈던 임호텝에 관한 이야기는 이를 잘 보여주는 대표적 사례다.

앞서 임호텝은 계단식 피라미드를 설계한 훌륭한 건축가였다고 이야기한 바 있다. 그런데 그는 훌륭한 의사이기도 했다. 그러다보니 후대 사람들은 임호텝을 점차 치료의 신으로 숭배하기 시작했다. 임호텝이 꿈에 나타나 병을 고쳐주었다는 이야기도 전해져온다.

일부 이집트인은 병에 걸리면 신의 뜻으로 여겼다. 이들은 신의 용서를 받기 위해 기도를 올리거나 주문을 외고, 부적을 만들기도 했다. 그들이 살 것인지 죽을 것인지는 오로지 신의 뜻에 달려 있는 것이다.

그러나 이집트인이 단지 미신에만 의지해 병을 치료했던 것은 아니다. 이집트인은 여러 가지 약을 만들어 사용했는데, 그중에는 종양을 제거하는 약이나 충치를 치료하는 약이 있었을 뿐만 아니라 진통제나 마취제도 있었다.

큰 상처가 생겼을 때는 먼저 신선한 고기를 상처 부위에 붙여 지혈을 한 다음 꿀을 바르고 붕대를 감아 세균이 침투하는 것을 막았다. 또한 전염병이 유행할 때는 시체들을 소각하여 병균의 전파를 막는 한편, 살균 기능을 가진 소다를 곳곳에 뿌리고 연기를 피워 병균을 제거했다. 이처럼 이집트인의 의학 지식은 상당했다.

그런데 이집트인은 죽은 사람을 미라로 만들었음에도 해부학에 대한 지식은 그다지 갖추지 못했던 것으로 보인다. 이집트인에게 사람의 시체는 부활을 위한 도구였지, 들여다볼 대상은 아니었던 것이다. 사람의 시체를 다룰 때 극도로 조심하여 장기를 꺼낼 때도 아주 작은 구멍만을 뚫었을 뿐이다.

수학은 세상 모든 지식으로 들어가는 입구였다

1858년, 한낮의 열기가 아직 남은 이집트 룩소르의 거리를 한 남성이 걸어가고 있었다. 어느 허름한 골동품 가게로 들어간 그는 상형문자가 적힌 두루마리를 사 들고 나왔다. 이때까지만 하더라도 그는 자신의 손에 들린 파피루스가 어떤 의미를 지닌 것인지 전혀 알지 못했을 것이다. 그러나 이로부터 20년 후, 이 파피루스가 해독되자 전 세계는 충격에 빠졌다. 고대 이집트인의 지적 능력이 이 정도였다니!

앞서 말한 남성은 스코틀랜드 골동품 수집가 린드(Alexander Henry Rhind)이다. 그리고 그가 구입한 파피루스는 그의 이름을 따

'린드 파피루스'라 불리게 되었다. 이것은 기원전 1650년경 고대 이집트의 서기였던 아메스가 작성한 일종의 수학 문제집으로, 당시 이집트 사회에 통용되던 수많은 수학 지식을 포함하고 있었다. 『린드 파피루스』를 통해 고대 이집트인이 어느 정도의 수학적 지식을 갖추었는지 살펴보자.

『린드 파피루스』의 14번 문제는 밑변의 길이가 4, 윗변의 길이가 2인 정사각형이고, 높이가 6인 사각뿔 형태 피라미드의 부피를 묻고 있다. 『린드 파피루스』의 해설에 따르면, 밑변을 두 번 곱하여 16을 얻고, 밑변과 윗변을 곱하여 8을 얻고, 윗변을 두 번 곱하여 4를 얻은 다음 이 모든 것을 합치면 28이 되는데, 여기에 높이의 3분의 1인 2를 곱하면 정답인 56이 나오게 된다. 이는 오늘날 사각뿔의 부피를 구하는 수학 공식과 정확히 일치한다.

그런데 이집트인은 부피를 구하는 수학 지식을 어디에 이용했을까? 가장 먼저 생각할 수 있는 것은 피라미드 건설이다. 이집트인은 그들이 짓고자 하는 피라미드에 어느 만큼의 돌이 필요한지를 미리 알 수 있었다. 또한 부피에 관한 지식은 곡식의 양을 계산하는 데에도 이용될 수 있었다. 이를테면 창고에 저장되어 있는 곡식이 어느 정도의 양인지를 헤아려 보는 것이었다.

『린드 파피루스』의 48번 문제는 지름이 9인 원의 넓이를 묻고 있다. 오늘날 우리는 원주율(π)을 이용하여 원의 넓이를 쉽게 구할 수 있다. 그렇다면 이집트인은 어떻게 원의 넓이를 구했을까? 『린드 파피루스』에서 제시하는 풀이 방법은 다음과 같다.

먼저 지름에서 1을 빼서 8을 구한다. 그리고 또 한 번 지름에서 1을 빼서 8을 구한다. 그리고 이 둘을 곱하면 정답인 64가 나오게 된다. 우리가 원주율을 대략 3.14라 가정했을 때 이 문제의 답은 63.585다. 즉 이집트인은 원의 넓이도 상당히 정확하게 알고 있었다.

이집트인에게 넓이를 구하는 수학 지식은 매우 유용했다. 매년 나일강이 범람하면 기존의 농경지 사이의 경계가 모호해지기 때문에, 이를 다시 측량해야만 했다. 미리 각자의 토지 면적을 계산해두면 새롭게 토지의 경계선을 설정하는 작업이 수월하게 진행될 수 있었을 것이다.

앞서 소개한 것 외에도 린드 파피루스에는 수많은 수학 문제가 담겨 있다. 『린드 파피루스』 말고도 일명 『모스코바 파피루스』라고 불리는 것에도 몇몇 수학 문제가 포함되어 있다.

이처럼 고대 이집트는 수학이 고도로 발달한 사회였음을 알 수 있다. 이들의 수학 지식은 사람들의 삶을 윤택하게 하는 데 이용되었을 뿐만 아니라, 통치 계급이 국가를 효과적으로 지배하는

데에도 크게 이바지했다. 또한 이집트인들이 수학에서 얻은 지식은 다른 분야에까지 적용되어 학문 전체의 발달로 이어졌다.

그래서였을까? 『린드 파피루스』의 저자이자 이집트 최고의 수학 천재 아메스는 다음과 같은 말을 남겼다.

"수학은 세상 모든 지식으로 들어가는 입구이다."

아부심벨 신전은
이집트의 고난을 상징한다

아부심벨 신전은 제19왕조의 파라오 람세스 2세 때 건립된 것으로 높이 32미터, 너비 38미터, 깊이 63미터에 달한다. 나일강변의 사암 절벽을 뚫어 공간을 만들고 조각을 새겨 그 안을 꾸몄다. 람세스 2세의 명에 따라 수많은 인력이 동원되었을 것임은 쉽게 짐작할 수 있다.

그러나 아부심벨 신전은 이집트 왕조의 쇠락과 함께 점점 잊혀졌다. 세찬 바람에 날려 온 모래는 이 신전을 뒤덮어 버렸다. 그러던 중 19세기 초 스위스 학자 부르크하르트(Jacob Burckhar ot)가 모래에 파묻힌 신전 유적을 찾아내는 데 성공했다. 그러나 사람의 힘만으로 모래를 일일이 제거하는 것은 어려운 일이었기 때문에 유적 조사는 이루어지지 못했다. 이후 수차례에 걸쳐 유적 발굴이 시도되었지만, 이 과정에서 신전 속 유물만이 약탈되었을 뿐 모래는 완전히 제거되지 않았다. 이 때 이집트는 국력이 쇠퇴하여 오스만 제국과 영국 등 열강의 간섭을 받고 있었기에 아부심벨 신전에 관심을 기울일 수 있는 상황도 아니었다.

1952년 나세르가 혁명을 일으킨 후 왕을 내쫓고 이집트에 공화정을 수립하였다. 나세르 정부는 나일강에 거대한 댐을 건설하여 전기를 생산하고 범람으로 인한 피해를 막겠다는 계획을 발표하였다. 이른바 아스완 하이댐 건설 계획이었다. 문제는 이 댐이 높이 111미터에 제방 3.6킬로미터에 달하는 세계 최대 규모로 건설되면서 거대한 호수가 생겨나게 됐고, 이 때문에 아부심벨 신전은 물에 잠길 위기에 처했다.

국제 사회는 즉각 반대의 목소리를 냈다. 그러나 나세르 정부는 댐 건설을 강행하였다. 이집트의 경제 발전을 위해서는 불가피하다는 것이었다. 과거의 유산보다는 현재의 이익이 더 중요하다는 입장이었다.

결국 국제 사회가 이 문제에 발 벗고 나섰다. 유네스코를 중심으로 각국이 협력하여 아부심벨 신전 이전을 추진하였다. 아부심벨 신전은 1,000개에 달하는 조각으로 절단되었고, 70미터 위의 새로운 공간으로 옮겨져 다시 조립되었다. 이 공사는 당시 돈으로 4,000만 달러가 들었고 4년 간 이어졌다. 결국 아부심벨 신전은 새로운 자리에 원형 그대로 복원될 수 있었다.

　이처럼 고대의 문화유산은 오늘날 들어 종종 위기에 처하기도 한다. 대부분 과거의 유산보다는 현재의 이익이 우선시되기 때문이다. 그러나 과거의 유산은 단지 과거의 것에 불과한 것일까? 오늘날의 우리에게는 아무런 의미가 없는 것일까?

투탕카멘의 저주는
실제로 존재했던 것일까?

1922년, 영국인 카터(Howard Carter)는 이집트 룩소르 서쪽에 위치한 왕가의 계곡에서 무덤 하나를 발굴했다. 그의 발굴 작업은 전 세계의 이목을 집중시켰고, 여기서 부장품들이 실려 나올 때마다 지켜보던 사람들은 열광했다. '세기의 발굴'이라는 표현이 어울릴 만한 이 무덤은 제18왕조의 제12대 파라오 투탕카멘의 것이었다.

투탕카멘은 18세의 어린 나이에 세상을 떠났을 뿐만 아니라, 생전에는 통치권을 제대로 행사하지도 못했던 나약한 파라오로 알려져 있다. 그럼에도 그의 무덤에 수많은 부장품이 함께 매장되었다는 사실은 당시 이집트의 번영을 짐작케 한다.

투탕카멘의 무덤이 전 세계적으로 유명해진 것은 이른바 '투탕카멘의 저주' 때문이기도 하다. 카터 일행은 무덤을 발굴하는

• **투탕카멘의 미라를 조사 중인 카터**
투탕카멘의 무덤을 발굴하는 과정에서 참여했던 사람들이 의문의 죽음을 당하면서, '투탕카멘의 저주'가
존재한다는 소문이 널리 퍼졌다.

도중 석판 하나를 발견했다. 여기에는 "죽음의 날개가 파라오의
평안을 방해하는 자를 모두 죽이리라"라고 적혀 있었다. 당시 사
람들은 이를 대수롭지 않게 여겼지만, 곧 심상치 않은 일이 벌어
지기 시작했다.

가장 먼저, 카터의 발굴을 후원했던 카나번이 모기에 물린 후
패혈증이 겹쳐 세상을 떠났다. 그 뒤를 이어 카나번의 친척들도
하나둘 죽음을 맞았다. 이뿐만 아니었다. 투탕카멘의 무덤을 발
굴하는 데 참여했던 연구자들도 의문의 죽음을 당했다.

당시 언론은 이들의 죽음이 '투탕카멘의 저주' 때문이라 요란을 떨었고, 일부 사람들은 수천 년간 밀폐된 무덤 속에 서식해온 곰팡이가 인체에 치명적인 영향을 미쳤을 것이라는 가설을 내놓기도 하였다.

그러나 '투탕카멘의 저주'가 실제로 존재했던 것 같지는 않다. 정작 투탕카멘의 무덤을 발굴하는 데 앞장선 카터는 그 후로도 20년 가까이 더 살았고, 무덤 발굴과 관련된 1,500명 중 20여 명이 죽은 것은 그다지 이상한 현상이라고 보기 어렵다. 오히려 '투탕카멘의 저주'는 당시 언론에 의해 의도적으로 만들어진 측면이 크다. 당시 신문사들은 '투탕카멘의 저주'를 대서특필하면 많은 독자를 끌어 모을 수 있었기 때문에, 앞다투어 선정적인 기사를 내보냈던 것이다.

덕분에 투탕카멘은 살아서는 나약한 파라오였지만, 죽어서는 전 세계를 공포에 떨게 한 파라오가 되었으니, '투탕카멘의 저주'는 그를 위한 일종의 선물이었던 게 아닐까?

고타마 싯다르타가 깨달음을 얻고 불교를 창시한 곳, 샤자한이 아내를 그리워하며 타지마할을 건설했던 곳, 간디가 비폭력을 부르짖으며 영국에 저항하는 독립 운동을 전개했던 곳, 바로 인도이다.

고대 인도 문명은 우리가 생각하는 것보다 훨씬 심오하다. 이들은 자연을 적절히 이용하면서 사람이 살기 좋은 도시를 건설해나갔다. 도시 곳곳에는 도로·목욕탕·화장실·상하수도 등이 갖추어져 있었다. 오늘날의 도시 설계 원리와도 상당히 유사하였다. 한편으로는 특유의 종교·사상을 발전시켜나감으로써 각자가 만족하는 삶을 살아가도록 했다.

오늘날 인도는 빠른 속도로 발전해나가고 있다. 그 뒤에는 고대로부터 이어져 오는 인도 고유의 힘이 작용하고 있다. 과거는 현재와 어떻게 이어지는가, 그 물음에 대한 답을 찾아보자.

제4장

인도 문명

01

인더스강 유역에 드라비다족이 정착하다

오늘날의 인도는 상당히 낙후된 이미지를 떠올리게 한다. 그러나 고대 인도는 거대한 도시 문명을 갖춘 곳으로, 세계 그 어느 곳과 비교하더라도 결코 부족함이 없었다. 고대 인도 문명은 어떻게 생겨났으며, 어떤 모습을 하고 있었을까?

인더스강 유역에서 시작된 인도의 역사

히말라야산맥의 북쪽에 나란히 늘어선 카일라스산맥. 여기서 조그마한 물줄기가 시작된다. 이 물줄기는 북서쪽 산악지대를 힘겹게 흐르다가 남서쪽으로 돌아들고, 곧 절벽 아래로 세차게 떨어져 좁고 긴 협곡을 지난다. 어느덧 협곡의 끝에 다다른 물 줄기는 콸콸 쏟아져 나와 큰 강이 되고, 광활한 펀자브 평원을 적시며 유유히 바다로 향한다. 인도인들은 이 강을 인더스강, 일명 '사자(獅子) 강'이라고 불렀는데, 협곡 끝에서 강물이 세차게 쏟아져 나오는 모습이 마치 사자의 우렁찬 포효와 같다고 생각했기 때문이다.

인더스강은 이 지역에 고대 문명을 탄생시켰다. 인더스강이 굽이굽이 흐르는 곳마다 사람들이 모여들어 농사를 지었다. 인더스강 주변에는 항상 비옥한 흙이 쌓였는데, 때때로 강이 마을보다 높은 지대에서 흘러 홍수의 위험이 생기기도 했다. 그러면 사람들은 힘을 합쳐 둑을 쌓거나 물길을 텄는데, 이 과정에서 지배 계급이 생겨나고 도시가 만들어졌다.

그런데 오늘날 인더스강 유역은 매우 황량해 고대 문명의 흔적을 찾아볼 수 없다. 인더스강의 수로가 계속해서 바뀌어오면서 고대 문명의 발상지와 점차 멀어졌기 때문이다. 옛날에는 인더스강의 하구가 지금보다 훨씬 동쪽에 있었다. 숲이 울창하고 토지가 비옥하며 물이 풍부했으니 이보다 살기 좋은 곳이 없었다. 그러나 시간이 지날수록 인더스강은 조금씩 북쪽으로 올라가 흐르면서, 이곳에 고대 문명이 있었다는 전설만 남기게 되었다.

인더스 문명의 주역, 드라비다족

현재 인도는 여러 민족이 함께 어우러져 살아가는 다민족 국가이다. 여러 민족 중에서도 드라비다족은 전체 인도 인구의 4분의 1을 차지하는 주된 민족 중 하나이다. 인더스강 유역에 문명을 건설한 것은 이 드라비다족이었다고 알려져 있다.

드라비다족은 머리카락과 눈이 검고 얼굴이 길쭉한 것으로 보아 본디 지중해 쪽에서 살았던 것으로 여겨진다. 하지만 드라비다족이 인도로 이주해 온 시기와 경로에 대해서는 아직까지 확실히 알려진 바 없다. 다만 이들이 인도에 들어온 후에는 주로 농경 생활을 했던 것 같다. 특이하게도 모계 존중의 풍토가 강하여 여신을 숭배하는 경우가 많았고, 곳곳에 거석문화를 남기기도 하였다.

최근 드라비다족과 우리 민족이 밀접히 관련되었다는 주장이 제기되어 화제를 불러일으켰다. 『삼국유사』에 따르면 금관가야의 시조 김수로 왕의 부인은 인도 아유타국에서 온 허황옥이었다. 여태껏 이 기록을 곧이곧대로 믿는 사람은 많지 않았다. 그런데 일각에서는 김수로 왕의 무덤을 비롯한 가야 유적에 새겨진 한 쌍의 물고기가 인도의 풍습이 전해진 결과라 주장하고 나섰다. '가야'라는 말이 드라비다족의 언어로는 '물고기'를 의미한다는 견해도 있다.

만약 그렇다면 우리는 고대부터 인도와 연결되어 있었던 것일까? 당분간은 인류학이나 고고학·언어학 등의 연구 성과를 좀 더 기다려볼 필요가 있겠다.

'죽은 자의 언덕'이라 불린 모헨조다로

드라비다족은 인더스강 유역에 정착하여 곳곳에 도시를 건설하였다. 이를 대표하는 것은 인더스강 중류에 건설된 모헨조다로, 바로 '죽은 자의 언덕'이라는 뜻을 가진 도시이다. 드라비다족의 여러 도시 중에서도 먼저 건설된 곳이다.

모헨조다로 유적은 1920년 우연히 발견되었다. 당시 인도 고대 유적의 발굴 조사를 맡고 있던 배너지(R. D. Banerji)는 이곳에서 쿠샨 왕조 시대의 불탑을 조사하고 있었다. 그러던 중 이곳이 단순한 불교 유적이 아니라는 것을 직감했다. 아무리 생각해도 불교와는 관련성을 찾아볼 수 없는 유물들이 계속해서 출토되었기 때문이다. 이후 모헨조다로의 발굴이 대대적으로 진행되었다.

이때 인도는 영국의 식민지였으므로 유적 발굴은 영국인이 주도하였다. 영국의 고고학자 마셜(Sir John Marshall)은 이곳에 질서 정연한 계획 도시가 존재했다는 사실을 밝혀냈고, 수많은 유물을 발굴하는 성과를 거두었다. 수십 년에 걸친 발굴로 옛 인더스 문명의 모습이 상당히 많이 알려지게 되었다.

모헨조다로 유적은 크게 성채 구역과 마을 구역 두 부분으로 나눌 수 있다. 성채 구역에서는 집회소·곡물 창고·대목욕탕이 발견되었다. 집회소에서는 도시의 행정 사무가 처리되었을 것이고, 곡물 창고에는 조세로 징수한 곡식이 저장되었을 것이다. 대목욕탕은 가장 흥미로운 공간이다. 가로 12미터, 세로 7미터에 깊이가 무려 2.4미터로, 양쪽의 계단을 따라 내려설 수 있도록 되

• 모헨조다로의 대목욕탕
모헨조다로 유적의 성채 구역에서 발견되었다. 공중 목욕탕이라기보다는 제사 의식을 치르는 종교적 목적으로 조성된 것으로 보인다.

어 있다. 이곳은 공중 목욕탕이라기보다는 종교의식을 위한 특별한 곳이었던 것으로 추정되고 있다.

아래쪽의 마을 구역에는 잘 포장된 도로가 반듯하게 놓여 있다. 사람은 물론 수레도 편하게 지나다닐 수 있을 정도이다. 도로 양옆에는 불에 구운 벽돌로 쌓아 올린 집이 줄지어 있었는데, 그 안에는 방과 욕실이 갖추어져 있었고 도로 쪽으로 창이 나 있었다. 곳곳에는 지하수를 끌어올려 만든 우물이 있었고, 생활하수를 처리할 수 있는 배수 시설도 갖추어져 있었다. 지금으로부터 수천 년 전에 조성된 도시임에도 여러 편의 시설을 완비하고 있었다는 것이 놀랍기만 하다. 그럼 모헨조다로에서 출토된 유물을 몇 가지 살펴보도록 하자.

유적 발굴 초기 춤추는 여성을 조각한 작은 청동상 하나가 발견되었다. 이는 드라비다족이 청동기를 제작했음을 보여주는 증거가 된다. 남성의 상반신을 조각한 작은 석상도 발견되었다. 그는 콧수염은 깎았지만 턱수염은 기른 기이한 모습을 하고 있는데, 고고학자들은 이것이 모헨조다로의 제사장이나 통치자의 모습을 형상화한 것이라 추측하고 있다. 한편, 뿔이 하나 달린 동물을 새긴 인장도 출토되었다. 이것이 무엇을 의미하는지에 대해서는 아직 정확히 밝혀진 바 없지만, 이와 유사한 인장이 멀리 메

• 춤추는 소녀상

　매우 정교하게 만들어진 청동 조각상으로 아마 무희(舞姬)였을 것으로 추정된다. 드라비다족이 청동기를 제작했음을 보여주는 증거이다.

• 상반신 조각상

　화려한 옷과 장신구를 갖추고 있어 제사장 또는 통치자로 추정된다.

• 모헨조다로에서 발굴된 일각수 인장
인도에서 발견된 다양한 인장 중 하나로 상업 용도로 사용되었을 가능성이 크다.

소포타미아 지방에서도 발견되었다는 점에서 눈길을 끈다.

그렇다면 모헨조다로는 왜 '죽은 자의 언덕'으로 불리게 되었을까? 그 이유는 정확히 알 수 없지만, 모헨조다로가 파괴된 후 이곳이 모래로 뒤덮여 사람들의 기억에서 사라졌기 때문은 아닐까? 모헨조다로 유적 발굴은 현재 10퍼센트 정도밖에 진척되지 않았다고 하니, 앞으로 밝혀질 모헨조다로의 모습을 기대해보자.

수수께끼 같은 도시, 하라파

이번에 살펴볼 도시는 모헨조다로에서 북쪽으로 600여 킬로미터 떨어진 하라파이다. 하라파가 발견된 것은 19세기 중반으로, 모헨조다로보다도 빨랐다. 그러나 이것은 오히려 불행의 씨앗이 되었다. 당시 영국은 인도를 효과적으로 지배하기 위해 각지에 철도를 건설했는데, 그중 하나가 하라파 근처를 지나게 되면서 하라파는 철도에 깔리는 자갈을 채굴하는 곳으로 전락하고 말았다.

그러던 중 하라파가 갖는 고고학적 중요성이 인식된 것은 모헨조다로의 발굴이 본격화된 1920년대부터였다. 그러나 하라파는 이미 만신창이가 된 상태였다. 원래는 고대 유적의 일부였을 돌들은 무참히 뜯겨나갔고, 일부 지역에는 마을이 들어서 사람들이 거주하면서 유적 발굴 자체가 어려워졌다. 이로써 하라파는 수수께끼로 남고 말았는데, 각계각층의 꾸준한 노력 끝에 조금씩 도시의 본래 모습이 밝혀지고 있다.

하라파가 건설된 연대는 모헨조다로보다 늦다. 그래서 일부 학자들은 인더스 문명의 중심지가 모헨조다로에서 하라파로 이동했다고 보기도 한다. 그렇다면 모헨조다로가 첫 번째 수도, 하라파가 두 번째 수도가 된다.

반면 모헨조다로와 하라파가 공동 중심지였다고 보는 사람도 있다. 드라비다족의 문명 전체가 이 두 곳을 중심으로 발전했다는 것이다. 그러나 이들 주장은 추측에 가까울 뿐, 명확한 근거는 갖추지 못하고 있다. 모헨조다로와 하라파가 어떤 관계에 놓여 있었는지는 앞으로도 계속 연구해나가야 할 과제이다.

하라파 역시 모헨조다로와 마찬가지로 도시 전체가 성채 구역과 마을 구역으로 나뉘어 있었다. 성채 구역은 남북 400미터, 동서 200미터의 성벽으로 둘러싸여 있었고, 거대한 성문이 사람들의 출입을 통제했다. 성벽 안으로는 높이 수 미터에 달하는 기단 위에 도시의 행정이나 종교 제례를 위한 건축물이 건설되어 있었을 것으로 보인다. 이 모든 정황을 미루어 짐작해볼 때, 하라파의 성채 구역 역시 지배 계급을 위해 만들어진 것이라 볼 수 있다.

마을 구역에는 모헨조다로와 마찬가지로 진흙을 구워 만든 벽돌집이 즐비하게 늘어섰다. 우물과 배수 시설이 있었던 것도 모헨조다로와 같다. 그러나 현재 마을 구역에는 주민들이 집을 짓고 거주하고 있어 발굴이 어렵다. 더욱이 유적이 훼손되고 있다는 점도 심각한 문제이다. 현재 하라파 지역의 주민이 거주하고 있는 집은 고대 유적에서 뜯어낸 돌로 만들어진 경우가 많다. 그러다보니 어느 것이 과거의 유적이고, 어느 것이 현재의 건물인지 분간하기 힘들 정도이다.

드라비다족은 메소포타미아 지역과도 교역하였다

드라비다족이 인더스강 유역에 세운 여러 도시는 관개 농업을 주된 산업으로 삼았다. 그러나 농업의 발달로 잉여 생산물이 생겨나자 수공업과 상업도 활기를 띠었고, 이는 자연히 주변 지역과의 교역으로 이어졌다. 이 시기 인도 상인은 주로 바다를 통해 외부와 교류하였고, 인더스강 하류에는 여러 항구가 건설되어 해상 교역의 거점으로 기능했다. 그런데 인도 상인은 어느 곳으로 진출했을까?

앞서 모헨조다로 유적에서 발견된 인장에 대해 간단히 설명한 바 있다. 앞서 살펴본 뿔이 하나 달린 동물, 즉 일각수의 모양을 새긴 인장을 기억하는가? 이와 비슷한 인장이 메소포타미아 지역에서도 발견되었다. 이러한 사실은 무엇을 의미하는 것일까?

아마 인도인은 상업 활동 과정에서 인장을 사용했던 것으로 보인다. 자신들이 만든 물건임을 확인하는 도장을 찍거나, 각종 서류에 서명을 하는 용도로 활용했을 것이다. 그러다 보니 인도 상인이 가지고 온 인장이 메소포타미아 지역에서도 발견되는 것이다.

이처럼 드라비다족은 바깥 세계와의 교류를 통해 문명을 더욱 풍성하게 가꾸어 나갈 수 있었다. 여기에는 자신들의 문명에 대한 강한 자신감이 뒷받침되었음은 물론이다. 그 어떤 문명도 홀로 존재하고 발전해나갈 수는 없는 법이다.

02

아리아인이 인도의 새로운 주인이 되다

드라비다족이 인더스강 유역에 세운 도시들은 기원전 18세기 무렵 갑자기 쇠퇴하기 시작했다. 이후 인더스강 유역의 새로운 주인이 된 것은 아리아인이었다. 그렇다면 아리아인은 어떤 민족이었고, 어떻게 이 지역을 차지하게 된 것일까?

아리아인이 이주해오다

원래 아리아인이 살던 곳은 중앙아시아의 카스피해 일대였다. 카스피해는 세계에서 가장 큰 호수(또는 바다)로, 현재 러시아·카자흐스탄·이란 등이 국경을 맞대고 있는 지역이다. 아리아인은 이곳에 드넓게 펼쳐진 초원에서 유목 생활을 했던 것으로 짐작된다.

하지만 이곳에서 아리아인과 관련한 유적이 발견되지는 않으므로 이들의 생활상을 정확히 알아낼 수는 없다. 다만 이 시기의 아리아인 사회에도 왕 아래에 여러 계급이 존재했고, 자연신을 숭배하는 나름의 종교를 갖추고 있었던 것으로 보인다.

아리아인이 본거지를 떠나 각지로 이주하기 시작한 것은 기원전 2000년 무렵이다. 아직까지는 이들이 왜 이동하기 시작했는지 알 길이 없다. 가뭄이나 추위와 같은 자연재해를 만났을 수도 있고, 알 수 없는 전염병이 돌았을 수도 있다. 어쩌면 점차 늘어나는 인구를 먹여 살리기에는 그들이 살고 있는 초원 지대가 부족했을지도 모르겠다. 그러나 이 모든 것도 추측일 뿐, 초기 아리아인에 대해서는 알려진 바가 극히 적다.

분명한 사실은 아리아인이 각지로 흩어져 나갔다는 것이다. 이들이 향했던 곳은 유럽·아나톨리아 등으로 다양하다. 그중 일부가 인도의 북서쪽으로 들어온 것은 대략 기원전 1500년이다. 아리아인은 오랫동안 유목 생활을 해왔던 민족으로, 이들 앞에 펼쳐진 드넓은 농경 지대는 매우 낯설었을 것이다. 그러나 아리아인은 본능적으로 직감했다. 이곳이 바로 그들이 정착해야 할

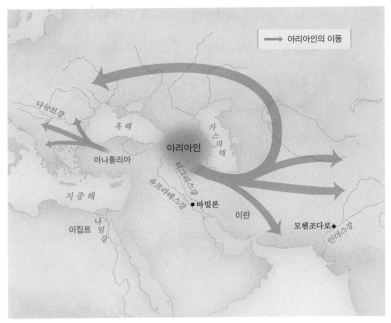

• 아리아인의 이동

아리아인은 오랫동안 유목 생활을 해왔던 민족이다. 이들이 중앙아시아에서 각지로 이동하면서 세계 역사
에 큰 변화가 나타났다.

땅이라는 것, 그리고 이곳의 생활에 어떻게든 적응해나가야 한
다는 사실을 말이다.

그동안 아리아인의 인더스강 이주로 인해 인더스 문명이 몰
락한 것이라고 여겨져 왔다. 영국의 고고학자 휠러(Sir Robert Eric
Mortimer Wheeler)는 1944년~1948년까지 인도 고대 유적 발굴의
책임자로 활동하며 치밀한 연구를 진행하였다. 1953년, 그는 모

헨조다로 유적의 상층부에서 발견된 고대 인도인의 유골 37구에 대한 분석 결과를 근거로 인더스 문명을 파괴한 것은 아리아인이었다고 주장했다.

하지만 곧 그의 주장에 대한 비판이 제기되었다. 먼저, 휠러가 제시한 유골이 인더스 문명이 몰락한 이후의 것이라는 연구가 발표되었다. 이 유골에서 발견된 여러 구멍은 대량 학살 때문이라기보다 자연적인 부식으로 인한 것이라는 분석도 나왔다. 따라서 휠러가 제기한 아리아인의 인더스 문명 파괴설은 점차 설득력을 잃어가고 있다. 그럼에도 아직까지 그의 주장이 아무런 수정 없이 그대로 받아들여지고 있는 경우가 적지 않다.

최근에는 인더스강의 흐름 변화나 기후 변화가 문명의 몰락을 초래했다는 주장이 강력하게 제기되고 있다. 인더스강의 흐름이 점차 드라비다족이 세운 도시들과 멀어지면서 물의 공급이 어려워졌고, 기후가 한랭해지고 건조해지면서 인더스강의 범람을 이용한 농사를 더 이상 지속하기 어려워졌다는 것이다. 이와 더불어 메소포타미아 지역과의 교역이 쇠퇴한 것도 또 하나의 원인이었다.

그렇다면 아리아인이 인더스강 유역으로 들어오던 시점에 이미 인더스 문명은 몰락의 길을 걷고 있었다는 이야기가 된다. 아리아인이 인더스 문명이 몰락하고 있는 시기에 우연히 이곳으로 이주해 왔을 뿐이라면, 그동안 그들에게 덧씌워진 '파괴자'라는 누명은 하루빨리 거두어줄 필요가 있겠다.

아리아인이 갠지스강 유역으로 이동해 가다

인도에 들어온 아리아인은 한동안 소나 양·염소를 키우는 목축에 의존하였다. 아리아인은 본디 유목 민족이었기에 농경 지대인 인도에 들어온 후에도 한동안 목축에 종사했던 것은 당연한 일이었다. 그러나 언제까지 목축에 의존하여 생계를 유지해 나갈 수는 없었다. 아리아인의 인구가 늘어나면서 목축만으로는 충분한 식량을 얻을 수 없었기 때문이다.

결국 아리아인은 조심스레 농사를 짓기 시작하였다. 새로운 환경에서는 새로운 생활 방식을 찾아야 하게 마련이다. 인류가 지구 곳곳에 정착할 수 있었던 것도 다 특유의 적응력 덕분이었다. 아리아인도 처음에는 낯선 환경에서 농사를 짓는 데 적지 않게 애를 먹었다. 하지만 땀만큼 정직한 것은 없는 법, 아리아인도 점차 농경 생활에 익숙해지기 시작하였다.

그런데 아리아인이 농경 지역을 확대하는 과정에서 토착민과의 마찰도 늘어났다. 아리아인이 농사를 짓기 위해서는 토지와

물이 필요했는데, 토착민이 순순히 농경지를 내놓을 리 없었기 때문이다. 결국, 한정된 자원을 차지하기 위한 쟁탈전이 치열하게 전개되었다.

이제 아리아인에게는 인도 각지의 토착민을 밀어내야 하는 과제가 주어졌다. 아리아인은 때로는 전쟁을 통해, 때로는 협상을 통해 여러 부족을 복속해나갔다. 이에 따라 아리아인의 영역은 더욱 넓어졌고, 기원전 1000년경에는 인도 북동쪽의 갠지스강 유역까지 나아갔다. 아리아인은 드라비다족보다도 훨씬 넓은 지역에서 번영을 누리는 인도의 새로운 지배자로 우뚝 섰다.

아리아인은 철기를 사용했다

그렇다면 아리아인이 인도에 성공적으로 정착할 수 있었던 원동력은 무엇이었을까? 이에 대해서는 여러 가지를 들 수 있겠지만, 가장 많이 거론되는 것은 바로 철기의 사용이다. 앞서 히타이트인이 철기를 이용해 메소포타미아 지역에서 세력을 떨쳤음을 이야기한 바 있다. 그렇다면 인도에 들어온 아리아인에게 철기는 어떤 의미를 지녔을까?

아리아인이 인도에 들어올 때부터 철기를 사용했던 것은 아니다. 이때까지는 청동기를 사용했던 것으로 보인다. 당시 인더스강 유역의 여러 도시도 청동기 문화에 바탕을 두고 있었으므로, 도구 발달의 수준만을 놓고 보았을 때 아리아인이 인도의 원주민보다 힘의 우위에 있었다고 보기는 어렵다.

그러나 아리아인이 갠지스강 유역을 개척한 기원전 1000년을 전후하여 철기가 보급되면서 상황은 달라지기 시작했다. 철기를 갖게 된 아리아인은 좀 더 수월하게 인도의 원주민 사회를 정복해나갔다. 이처럼 새로운 도구나 기술의 도입은 인류 역사의 여러 장면에서 결정적인 역할을 하는 경우가 많다.

아리아인의 철기는 농경에도 폭넓게 이용되었다. 특히 갠지스강 유역을 개척할 때 빽빽하게 솟은 나무를 베어내거나 우거진 수풀을 헤치는 데는 철제 농기구가 필수적이었다. 철제 농기구는 땅을 갈아엎고 잡다한 돌을 뽑아내는 데도 사용되었다. 만약 철기가 없었다면 아리아인은 갠지스강 일대를 개척할 엄두를 내지도 못했을 것이다.

03

인도 사회의 불평등을 상징하는 카스트 제도

아리아인은 드라비다족을 비롯한 여러 종족을 정복해나가며 인도 사회의 새로운 지배자로 떠올랐다. 점차 아리아인은 '고귀한' 자신들과 '고귀하지 않은' 다른 종족 사이에 차별을 둘 필요를 느끼게 되었다. 더욱이 백인에 가까웠던 아리아인은 토착민들과 피부색부터가 달랐다. 이에 따라 인도에서는 카스트 제도라는 엄격한 신분 제도가 만들어졌다.

카스트 제도가 성립되다

인도에서 오래전부터 전해오는 『리그베다』라는 종교 경전에서는 카스트 제도의 탄생을 다음과 같이 설명하고 있다.

푸루샤를 나눈다면 어떻게 나눌 수 있을까?

그의 입은 무엇이며, 그의 팔은 무엇일까?

그의 넓적다리는 무엇이며, 그의 발은 무엇일까?

그의 입으로부터 브라만이, 그의 팔로부터 크샤트리아가,

그의 허벅지로부터 바이샤가, 그의 두 발로부터 수드라가 나왔도다.

푸루샤는 만물의 근원이자 창조의 신이다. 브라만·크샤트리아·바이샤·수드라의 네 계층은 푸루샤라는 신에 의해 만들어졌기 때문에, 카스트 제도는 일종의 법칙이자 고정불변한 사실인 셈이었다. 그렇다면 푸루샤의 여러 신체 부위와 각 신분 계층을 연결시킨 것은 무엇을 의미하는 것일까? 푸루샤의 입이 브라만, 팔이 크샤트리아, 허벅지가 바이샤, 발이 수드라를 낳았다는 말은 곧 브라만이 가장 존귀하고, 그 아래에 크샤트리아·바이샤·수드라가 존재한다는 말이다. 이처럼 카스트 제도는 수직적 신분 제도였다.

카스트 제도의 가장 상위에 위치한 계층은 브라만이라는 사제 집단이었다. 이들은 주로 제사 의식을 담당하는 계층으로 여러

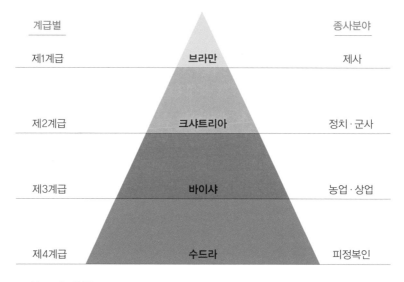

카스트 제도

계급별		종사분야
제1계급	브라만	제사
제2계급	크샤트리아	정치·군사
제3계급	바이샤	농업·상업
제4계급	수드라	피정복인

• **카스트 제도의 구조**
카스트 제도에 따라 인도인은 브라만·크샤트리아·바이샤·수드라 크게 네 신분으로 구성되었다.

종교 경전을 제대로 이해하고 있었을 뿐만 아니라, 인도 특유의 산스크리트어에도 능통했다. 브라만은 종교를 매개로 자신들의 권위를 높일 수 있었다.

그다음으로는 왕이나 전사가 속한 크샤트리아가 있다. 이들은 인도 사회를 실질적으로 운영할 뿐 아니라, 외적으로부터 생명과 재산을 지키는 역할을 했기 때문에, 비록 브라만보다는 하위 계층이라 할지라도 이들이 갖는 영향력은 매우 컸다.

따라서 크샤트리아는 모두 인도 사회의 지배층으로 군림할 수 있었다.

그 아래에는 바이샤와 수드라가 피지배층을 형성하였다. 바이샤는 농민이나 상인이었다. 바이샤에게는 각종 노동의 의무가 부과되었지만, 종교의식에 참여할 자격도 함께 부여되었다. 바이샤는 점차 상인만을 가리키는 용어로 바뀌어나갔다.

최하위 계층인 수드라는 노동하는 계층이다. 그러나 수드라의 노동은 바이샤의 노동과 차이가 있다. 수드라는 각종 육체노동에 종사하는 일종의 노예로, 종교의식에 참여할 수 없는 등 각종 사회적 차별을 받았다.

그런데 이것이 끝이 아니다. 수드라 아래에는 만져서도 안 될 정도로 천한 이른바 '불가촉천민'이 있다. 이들은 '달리트' '하리잔'이라고도 불리는데, 오늘날 인도 인구의 15퍼센트 정도나 될 정도로 폭넓게 존재하고 있다. 시체를 처리하거나 오물을 수거하는 일을 하며, 다른 계층과는 어울릴 수도 없는 인간 이하의 생활을 하고 있다.

이처럼 인도인을 여러 계층으로 엄격히 구분하는 카스트 제도는 아리아인이 인도를 효과적으로 지배하는 중요한 수단이 되었다. 역사상 인도 사회의 지배자는 계속 바뀌었지만 카스트 제도

만큼은 큰 변화 없이 그대로 유지되었다. 따라서 인도를 이해하기 위해서는 무엇보다 카스트 제도를 가장 먼저 이해할 필요가 있겠다.

카스트 제도는 인도의 발전을 막는 굴레이다

사실 카스트 제도는 전통이라기보다는 악습에 가깝다. 카스트 제도가 잘 유지된 덕분에 브라만이나 크샤트리아는 잘 먹고 잘 살았지만, 바이샤와 수드라는 매일같이 힘든 노동에 시달려야만 했다. 또 지배층은 피지배층을 한없이 멸시했고, 심지어 가까이 가지도 않으려 했다.

이처럼 소수의 사람만이 지배층으로 군림하고, 나머지는 그 아래에서 차별을 받는 신분 제도는 자유와 평등을 보편적 가치로 삼는 현대에는 더 이상 설 자리가 없다. 영국으로부터 독립하고 난 후부터 인도에서도 카스트 제도를 폐지하자는 여론이 본격적으로 대두하였다. 그 결과 카스트 제도는 1947년 공식적으로 폐지되었는데, 뒤늦은 감이 없지는 않지만 마땅히 내려져야 할 조치였다.

이렇게 카스트 제도가 폐지된 지 벌써 수십 년이나 흘렀지만, 카스트 제도는 아직도 인도에서 많은 사회적 문제를 낳고 있다.

이것이 법적으로만 폐지되었을 뿐 사회 관습에는 그대로 남아 있기 때문이다. 여전히 인도인은 자신이 속한 신분에 맞는 직업만 가질 수 있고, 같은 신분의 사람과만 만나고, 식사하고, 결혼한다.

상황이 이렇다보니 카스트 제도는 인도의 발전을 가로막는 걸림돌이 되고 있다. 인도는 국토가 넓고 유라시아 대륙의 요충지에 위치했을 뿐만 아니라, 인구도 무려 10억이 넘어 성장 잠재력이 큰 나라 중 하나이다. 그럼에도 인도는 제자리걸음을 계속해 왔다.

물론 정치인의 고질적인 부정부패, 그리고 주(州)마다 서로 다른 제도와 관습 등 인도 발전을 제약하는 굴레는 여러 가지가 있지만, 무엇보다 수천 년간 이어진 카스트 제도가 인도의 변화를 가로막는 가장 큰 장애가 되고 있다.

이는 카스트 제도가 뛰어난 인재들이 자신의 능력을 제대로 발휘하기 어려운 사회 구조를 만들어냈기 때문이다. 인구의 대다수를 차지하는 바이샤·수드라 계층이 가진 능력을 국가의 발전에 전혀 활용하지 못하고 있다.

이에 인도 정부는 1950년부터 대학이나 공직에 들어갈 수 있는 일정 인원을 할당하는 등 하층민에 대한 우대 정책을 폈다. 그러자 다른 신분 계층에 속한 사람들 쪽에서 불만이 터져 나오기 시작했다. 일부에서는 능력이 모자란 사람들이 자리를 차지하게 되면, 충분한 능력을 갖춘 사람들이 역차별을 받게 된다는 논리를 내세웠다. 또 다른 쪽에서는 자신들도 우대해줄 것을 요구하며 시위를 벌이기도 했다. 인도 사회에서 카스트 제도는 여전히 뜨거운 감자이다. 이 문제가 해결되지 않는다면 인도의 번영과 발전은 한낱 신기루일 뿐이다.

04

인도인의 사유 체계를 담고 있는 『베다』

어느 한 사회를 제대로 이해하고 싶다면 그 사회의 종교나 사상을 살펴보는 것이 좋다. 겉모습에 감춰진 실체를 정확히 파악할 수 있기 때문이다. 마찬가지로 인도를 제대로 이해하기 위해서는 『베다』를 먼저 살펴볼 필요가 있다. 과연 『베다』를 통해 인도인의 어떤 모습을 발견해낼 수 있을까?

브라만교가 성립되다

갠지스강 유역은 땅이 기름지고 물이 풍부한 곳이었다. 이곳에 정착한 아리아인은 자연이 주는 넉넉함에 감사하며 마음 편히 농사를 지을 수 있었다. 이후 아리아인은 자연에 대한 제사를 독점하며 브라만 계층으로 변모했는데, 이 과정에서 브라만교가 성립하였다.

브라만교의 기본 사상은 '범아일체(凡我一體)'이다. 우주의 최고 원리인 '범'과 개인의 본질인 '아'가 같다는 말이다. 즉 나에게는 우주의 원리가 녹아들어 있고, 나는 곧 우주를 구성하는 주체이다. 따라서 참된 나를 찾는 과정은 우주의 원리를 깨치는 과정이기도 하다. 브라만교의 수행자들은 자신을 통해 우주를 살피고, 우주를 통해 자신을 살피려 한다.

단순해 보이지만 브라만교를 완전히 이해하는 것은 상당히 까다로운 일이다. 브라만교를 조금 더 이해하려면 먼저 『베다』에 대해 알아볼 필요가 있다. 『베다』에는 브라만교의 교리가 담겨 있을 뿐 아니라, 인도인 특유의 사유 체계가 압축되어 있기 때문이다.

세계적으로, 『베다』는 문서로 기록된 것 중 가장 오래된 것이다. 그리고 『베다』는 어느 한 명이 지은 것이 아니라, 여러 선각자들의 깨달음이 구전되어온 것이다. '베다'가 산스크리트어로 '앎' 또는 '지혜'를 의미한다는 것을 생각해볼 때, 『베다』는 종교 수행 과정에서 깨닫게 된 것, 그리고 이를 대대로 기억해나가는 것 모두를 지칭하는 것이라 볼 수 있다.

• 산스크리트어로 작성된 「리그베다」
총 네 가지로 구성된 『베다』 중 가장 기본적이고 중요한 위치를 차지하고 있다. 나머지는 「리그베다」를
보충하는 성격을 갖는다.

　『베다』는 「리그베다」 「사마베다」 「야주르베다」 「아타르바베다」의 네 가지로 나눌 수 있다. 그 가운데 「리그베다」는 가장 기본적인 경전이고, 나머지는 「리그베다」를 보충하는 성격을 갖는다. '리그'라는 말이 '칭송하다'는 의미를 내포하듯이, 「리그베다」는 신을 찬양하거나 자연을 찬미하는 내용을 담고 있다. 그리고 「사마베다」는 '베다의 찬송'이라는 뜻으로, 「리그베다」의 내용을 선율에 맞춰 노래하는 것이다. 나머지 「야주르베다」와 「아타르바베다」는 각종 종교의식을 실제로 진행하는 데 필요한 지식을 담고 있다. 이처럼 『베다』는 자연현상을 신격화하여 이를 찬양하는

내용이 주를 이루고 있다.

『베다』는 제사 의식의 필수품이다. 먼저 '호트리'라 불리는 전문 사제가 「리그베다」에서 신에 대한 찬가나 기도문을 멋들어지게 낭송한다. 이어 '우드가트리'가 술잔을 신에게 바치며 「사마베다」를 부른다. 다음으로 '아드바리유'가 「야주르베다」에 실린 대로 제사 의식의 절차를 설명하고, '브라만'이 「아타르바베다」를 암송하면서 끝을 맺는다. 이처럼 브라만교와 『베다』는 떼려야 뗄 수 없는 관계에 놓여 있다.

『베다』가 찬양하는 여러 신들

이제 브라만교의 경전 『베다』가 자연신을 어떻게 찬양하고 있는지 살짝 엿보도록 하자. 이를 통해 고대 인도인이 어떤 사유 체계를 갖고 있었는지 알아볼 수 있을 것이다. 먼저 불의 신 「아그니」이다.

최고의 사제 불의 신을 찬양하도다!
희생의 성스러운 의식을 관장하며
최고의 보물을 주는 이를.

　　　　　　　　　　　　　　　　　　　－「리그베다」

아그니여! 당신은 이성과 감각 모두를 보호하며,

인간의 두 가지 열망을 축복하나니,

우리의 가정을 높여주고 훌륭하게 만들도다.

- 「사마베다」

여기서 아그니가 주는 '최고의 보물'이 무엇인지는 정확히 알 수 없다. 아마 이것은 각자가 끊임없는 수행을 통해 깨달아야만 하는 과제였을 것이다. 그렇지만 불이 갖는 속성을 통해 어느 정

• 불의 신 '아그니'
「리그베다」의 첫머리를 장식하고 있는 신이다. 인간의 이성과 감각을 깨우치는 존재이다.

도 미루어 짐작해볼 수는 있다. 그리스 신화에 등장하는 프로메테우스는 인간에게 불을 전해주었다는 이유로 쇠사슬에 묶여 독수리에게 간을 쪼아 먹히는 가혹한 형벌을 받아야만 했다.

　이처럼 인류에게 불은 큰 선물이었다. 불이 없으면 추운 겨울을 무사히 넘길 수 없었고, 곡식이나 고기를 익혀 먹을 수도 없었다. 그래서 인도인들도 불이라는 자연현상을 찬양해 마지않았다.

　그러나 아그니가 단순히 '불(fire)'만을 의미하는 것은 아니었다. 이성과 감각이라는 인간 의식을 깨우치는 존재로 인식되기도 했다. 그 이유는 무엇이었을까? 이는 인도인이 불이 생겨나는 과정에서 주목한 결과로 보인다. 부싯돌을 세차게 부딪치면 불이 번쩍 피어오르듯, 인간이 무언가를 깨달을 때도 주체할 수 없는 강렬함이 밀려오게 마련이다.

인드라를 찬미하라, 전쟁터의 적들은

그의 전차를 이끄는 무장된 말들을 두려워하도다.

- 「리그베다」

비의 신 인드라여! 그대는 강한 만족감을 주며,

동시에 근원으로부터 생기를 불어넣어주나니,

당신은 선물이며 강한 힘이 있도다.

－「사마베다」

이번에는 신들의 제왕 '인드라' 차례이다. 비를 상징하는 신이자 천둥과 번개를 일으키는 신이다. 흔히 그리스 신화에 등장하는 최고신 제우스에 비견된다. 그래서일까? 「리그베다」에도 인드라를 찬양하는 시가 무려 250여 수나 실려 있다.

이처럼 인도인이 인드라를 신성하게 여겼던 이유는 무엇일까? 그것은 비가 갖는 중요성을 생각해보면 쉽게 이해할 수 있다. 하늘을 떠난 비는 곧장 땅으로 떨어져 만물을 성장케 한다. 인간의 생존에 필수적인 것이었음은 두말할 나위 없다. 따라서 인도에서도 비를 상징하는 인드라가 가장 중요한 위치를 차지하게 되었다.

그밖에도 『베다』에는 수많은 신이 등장한다. 이들은 각기 여러 자연현상을 상징한다. 인간이 살아가기 위해서는 자연에 의존할 수밖에 없었기에, 인도인은 기꺼이 몸을 낮춰 위대한 자연을 찬양했다. 이러한 점에서 『베다』는 눈앞의 이익만을 추구하며 자연 파괴는 아랑곳하지 않는 오늘날 인류에게 큰 교훈을 주고 있다.

네루는 훌륭한 브라만 계층이었다

인도의 카스트 제도는 상당히 오랫동안 지속되어온 신분 제도이다. 카스트 제도의 폐쇄성은 인도의 발전을 가로막는 큰 걸림돌로 작용했다. 브라만과 같은 상층 카스트는 자신의 안위만을 생각했고, 바이샤나 수드라는 자신의 능력을 발휘할 기회조차 얻기 힘들었다.

그러나 모든 브라만 계층이 사회 발전을 외면하고 자신만을 생각했던 것은 아니다. 이들 중에서도 자신의 특권을 포기하고 인도 국민을 위해 열심히 노력했던 사람이 있었다. 바로 네루(Pandit Jawaharlal Nehru)가 대표적이다.

네루는 영국의 식민 지배를 받고 있던 인도의 독립을 위해 힘쓴 인물이다. 그의 아버지는 변호사이자 정치가였기에 네루는 부유한 환경에서 자랄 수 있었다. 그러나 훗날 네루는 간디

(Mahatma Gandhi)의 비폭력 저항 운동에 크게 감명을 받아 반영(反
英) 운동에 본격적으로 나섰다. 이 때문에 네루는 오랜 기간 투옥
되어 고초를 치를 수밖에 없었다. 브라만 계층으로서 누릴 수 있
는 안락함을 버리고 스스로 고난의 길을 선택한 것이다. 오랜 투
쟁 끝에 인도는 영국으로부터 독립하였다. 네루는 수상의 자리
에 올라 오랫동안 인도 발전에 헌신했다.

　네루처럼 높은 사회적 신분에 속한 사람이 국가와 사회를 위
해 책임의식을 갖는 것을 가리켜 '노블레스 오블리주'라 부른다.
네루는 브라만 계층으로 편안히 사는 것 대신 인도 독립을 위한
험난한 삶을 선택하였다. 결코 쉽지 않은 일이다.

인도인은 왜 갠지스강으로 모여드는 것일까?

인도의 갠지스강은 히말라야 산맥에서 발원하여 벵골만으로 흘러드는 강이다. 인근 지역 사람들에게는 젖줄과도 같다. 이것만이 유일하게 마르지 않는 강이기 때문이다. 그래서일까. 갠지스강 인근에는 사람이 많이 모여 산다.

갠지스강은 인도에서 가장 신성한 강으로 여겨진다. 그래서 인도인은 태어나면 갠지스강에서 몸을 씻고 이후에도 자주 들러 이곳에서 몸을 씻는다. 갠지스강이 자신의 죄를 함께 씻어 낸다고 믿는 것이다. 매년 수백만 명이 갠지스강을 찾는 이유다. 그리고 인도인은 죽은 후 다시 갠지스강으로 온다. 화장된 그의 유해는 갠지스강에 가루로 뿌려진다. 성스러운 강물이 그의 영혼을 구원해준다고 믿는 것이다. 어찌 보면 갠지스강에는 인간의 삶과 죽음이 공존하고 있는 셈이다.

갠지스강 중류의 바라나시는 가장 많은 사람들이 찾는 도시다. 이곳에는 순례자를 위해 강 주변에 계단 모양의 목욕장 시설이 갖추어져 있다. 한쪽에는 화장터도 마련되어 있다. 그래서 바라나시는 항상 많은 사람으로 붐비고 화장터에서는 흰 연기가 피어오른다. 단언컨대 인도인에게 바라나시는 가장 성스러운 도시다.

그렇다면 대체 왜 인도인은 갠지스강으로 모여드는 것일까? 인도에서 가장 잘 알려진 신은 창조의 신 '브라흐마', 보존의 신 '비슈누', 파괴의 신 '시바'다. 그 중 인도인이 가장 좋아하는 신은 '시바'로 그는 하늘에서 내려온 물을 머리로 받아 이를 다시 인간에게 흘려보냈다고 믿어진다. 따라서 '시바'는 파괴의 신이지만 곧 재생의 신이기도 하다. 오래된 것이 완전히 사라진 다음에야 새로운 것이 생겨날 수 있을 테니 말이다.

우리에게 중국은 가깝고도 먼 이웃이다. 땅으로도 연결되어 있지만 바다를 가로지르면 더욱 가깝다. 고대 중국 문명이 우리와 직·간접적으로 연결될 수밖에 없는 이유이다.

중국에는 황허강과 양쯔강이라는 큰 강이 흐른다. 고대 중국 사람들은 이 강 근처를 중심으로 문명을 일구어나갔다. 이 과정에서 하·상·주라는 세 왕조가 차례로 세워졌고, 중국 사회의 기본 원리도 형성되었다.

이로부터 약 반만 년이 흘렀다. 아직도 황허강과 양쯔강은 유유히 흐르고 있고, 수많은 사람이 이 주변에서 살아가고 있다. 비록 중국인의 겉모습은 많이 달라졌겠지만, 이들의 사고방식이나 가치관에는 고대 문명의 영향이 여전히 남아 있다. 오늘날의 중국을 이해하기 위해서는 과거의 중국을 먼저 살펴보아야 할 이유가 여기에 있다.

제5장

중국 문명

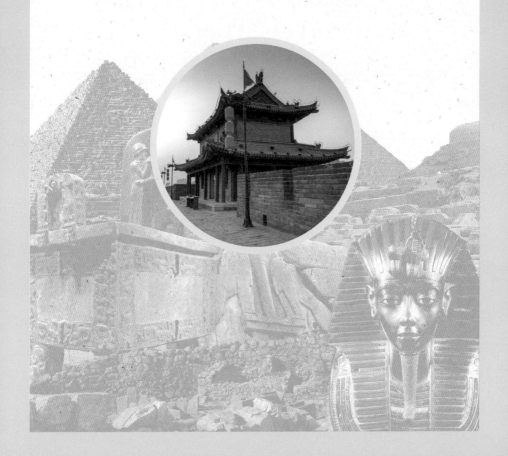

01

중국인에게 황허강은 축복이었다

물은 인간이 삶을 이어가는 데 반드시 필요하다. 그리고 물은 강으로부터 나온다. 고대 문명이 생겨나는 결정적 요인이 강이었던 이유가 여기에 있다. 고대 중국에서도 그랬다. 강은 중국에 어떤 문명을 탄생시켰을까?

황허강이 가져다준 풍요

황허강은 중국에서 두 번째로 긴 강으로, 산악 지대에서 발원하여 오르도스 사막의 황토를 넉넉히 품고 흐른다. 이 때문에 강물은 노란 빛깔을 띠는데, 여기에서 '황허(黃河)'라는 이름이 유래하였다. 황허강의 물을 뜨면 진흙이나 모래가 절반 이상이라는 말도 전해져온다.

사막을 지난 황허강은 평원으로 들어서면 자신이 품은 것들을 조용히 내려놓기 시작한다. 오랜 여정을 마친 황토는 강 주위를 중심으로 자리 잡기 시작하는데, 이곳이 바로 화베이 지역, 또는 화북 지역이라고도 불리는 곳이다. 화베이 지역은 예로부터 지금까지 중국의 정치적 중심지로 기능해왔다.

중국인에게 황허강의 노란 빛깔은 혼탁함이 아니라 풍요로움을 의미하는 것이었다. 강물이 실어 온 황토는 풍부한 양분을 담고 있었기 때문이다. 강 주변에서는 비옥한 농경지를 쉽게 구할 수 있었고, 간단한 석기만으로도 쉽게 경작할 수 있었다. 또한 강물에 낚싯바늘을 던지면 물고기를 넉넉히 잡아 올릴 수 있었으니 예부터 이곳에 사람이 모여 살기 시작했던 이유를 쉽게 이해할 수 있다.

황허강 중류에서 양사오 문화가 꽃피다

기원전 5000년 무렵부터는 황허강 중류에서 양사오 문화(仰韶文化)가 발전하였다. 양사오 문화는 황허강 유역에서 생겨난 신석기 문화를 대표한다. 중국 산시성을 중심으로 허난성·간쑤성·후

베이성까지를 그 범위로 하고 있다.

다른 신석기 문화와 마찬가지로 양사오 문화는 농경과 채집을 기반으로 하였다. 조·피·수수와 같은 밭작물이 재배되기 시작했지만 벼농사는 제대로 이루어지지 못했다. 이곳 사람들은 돌낫·돌괭이 등을 이용해 농사를 지었고, 풍년이 들었을 때는 남은 곡식을 창고에 넣어 보관하기도 했다.

양사오 문화를 대표하는 유물은 채색토기이다. 불그스름한 바탕에 흑색이나 갈색·황색을 덧칠해 만들어낸 것이다. 한반도의 신석기 유적에서 가장 많이 발견되는 빗살무늬 토기와는 다소

• **양사오 문화의 채색토기**
양사오 문화에서는 각종 색을 조합한 채색토기가 많이 만들어졌다.

차이를 보이는데, 이를 통해 황허강 유역과 한반도에는 각기 다른 문화권이 존재했음을 알 수 있다.

그동안 양사오 문화에서 출토된 채색토기에 대한 학자들의 견해는 엇갈려 왔다. 서구와 일본 학계에서는 이것이 서아시아의 채색토기로부터 영향을 받은 것이라 주장했고, 중국 학계에서는 자생적으로 만들어진 것이라 반박했다. 재미있는 사실은, 양측의 주장이 나름의 고고학적 근거를 갖추고 있다는 것인데, 이를 좀 더 살펴보도록 하자.

서아시아 전래설을 주장하는 학자들은 서아시아 채색토기의 제작 연대가 훨씬 빠르다는 사실에 주목한다. 실제 서아시아에서 발견되는 채색토기는 양사오 문화의 채색토기보다 2,000년 정도 앞서는데, 이는 서아시아에서 중국으로 채색토기가 전해지기에 충분한 시간이다. 또한 서아시아의 채색토기와 양사오 문화의 채색토기는 그 바탕에 새겨진 문양이 비슷하고, 제작 기법마저 유사하기 때문에 양자가 각기 따로 성립한 문화는 아니라고 본다.

이를 반박하고 중국 자생설을 지지하는 학자들의 주장도 흥미롭다. 서아시아의 채색토기가 중국에까지 전해진 것이라면 그 중간 지점에도 유사한 채색토기가 나타나야 하는데 이를 찾아볼

제5장 중국 문명

수 없다는 것이다. 설령 두 지역의 토기가 비슷하다 하더라도 너무나도 멀리 떨어진 지역을 무리하게 연결할 수는 없다고 한다. 또한 이들은 신석기 시대에 서아시아와 중국의 생활환경이 크게 달랐음을 지적하였다.

실제로 두 지역은 재배했던 작물도 다르고, 사용했던 석기에서도 큰 차이를 보인다. 이런 상황에서 서아시아의 채색토기만이 중국에 전파되었을 가능성은 낮아 보인다. 양측의 주장은 아직까지도 팽팽하게 대립하고 있다.

황허강 하류에서 룽산 문화가 발달하다

1928년, 산둥성 리청현에서 신석기 후기의 것으로 보이는 유적이 발굴되었다. 여기서는 흑색토기가 대거 발굴되었는데, 양사오 문화를 대표하는 채색토기와는 확연히 구분되는 것이었다. 이 지역의 문화를 룽산 문화(龍山文化)라 부른다.

룽산 문화는 양사오 문화보다는 좀 더 늦은 시기에 발달한 문화였다. 아마도 양사오 문화의 사회 제도와 문화 양식으로부터 적지 않은 영향을 받았을 것으로 보인다. 이를 토대로 룽산 문화는 농경을 더욱 발전시켜나갔고, 목축에서도 가축의 종류를 다양화해나가는 등 큰 성과를 거두었다. 이로써 사람들은 훨씬 더

• 룽산 문화의 흑색토기
룽산 문화에서는 검은색을 칠한 정교한 토기를 제작했다.

풍요로운 생활을 영위해나갈 수 있었을 것으로 보인다. 룽산 문화의 유물을 몇 가지 살펴보도록 하자.

먼저, 룽산 문화를 대표하는 흑색토기, 얼핏 보더라도 양사오 문화의 채색토기보다 훨씬 정교하게 만들어졌음을 알 수 있다. 달걀 껍데기처럼 매우 얇은 두께로 빚어진데다 칠흑색이 꼼꼼하게 들어차 있다. 그 모양도 상당히 다양하여 솥·그릇·잔 등의 형태가 발굴되고 있다.

룽산 문화에서는 정교한 옥기도 출토되었다. 옥기의 존재는 당시 수공업이 제법 높은 수준으로 발달했음을 의미하는 것이다. 또한 당시 사람들이 농사나 목축과 같은 생업에 종사하면서도 다양한 물품을 제작할 시간적 여유가 있었음을 보여주는 것이기도 하다. 이처럼 룽산 문화는 양사오 문화에 비해 한층 발달한 사회 모습을 보여주었고, 훗날 청동기 시대를 여는 밑거름이 되었다.

02

하 왕조는 실제로 존재했을까?

역사를 공부하다보면 모든 것의 '처음'이 궁금하게 마련이다. 특히 중국에서 처음 생겨난 왕조에 대해서는 많은 사람이 궁금해했고, 지금도 그러하다. 그 해답을 찾기 위해서는 하(夏) 왕조에 대해 살펴보아야겠다. 하 왕조는 어떤 나라였을까?

『사기』가 보여주는 하 왕조

사마천은 중국에서 가장 유명한 역사가이다. 비록 한 무제(재위: 기원전 141~기원전 87)의 노여움을 사 궁형에 처해지는 굴욕을 당하기도 했지만, 그가 쓴 『사기(史記)』는 중국 제일의 역사서로 손

꼽히고 있다. 사마천은 중국 고대 왕조의 흥망성쇠를 기록했을 뿐만 아니라, 이 시기를 살아간 여러 인물의 삶을 생생하게 그려 냈다.

사마천은 『사기』에서 하 왕조를 중국 최초의 왕조로 기록하였다. 하를 세운 것은 우왕(禹王)이라 알려져 있는데, 그는 왕이 되기 이전부터 매우 비범한 능력을 발휘했던 것으로 보인다. 이와 관련하여 『사기』는 다음과 같이 말한다.

우는 총명하고 부지런했다. 그의 덕은 어긋남이 없었고, 그의 인자함은 가히 사람들과 친애할 만했고, 그의 말은 가히 믿을 만했다. ……우가 산과 물을 잘 다스리자 아홉 개 주가 모두 똑같아져 사방의 외딴 곳에서도 사람이 살 수 있게 되었다. ……순이 우에게 붉은 기운이 도는 검은 홀을 하사해 제후로 삼으면서 치수 사업의 성공을 천하에 널리 알렸다. 천하가 크게 태평해진 이유이다.

-『사기』,「본기」

중국에서는 태평성대를 가리켜 '요순시대'라 표현하는 경우가 많다. 요순시대란 요(堯) 임금과 순(舜) 임금이 재위하던 시기이다. 그러나 요·순 임금에게도 큰 고민이 있었으니, 그것은 바로 황허강의 범람이었다. 일찍이 요 임금은 곤이라는 사람에게 치수 사업을 맡겼으나 그는 아무런 성과를 내지 못했다. 이후 순 임금은 곤의 아들 우(禹)에게 치수 사업을 맡겼다. 우는 아버지의 실패를 밑거름 삼아 치수 사업을 성공적으로 수행해나갔다. 물길을 바로잡아 여러 지역을 연결하였고, 곡식과 물고기를 나누어주어 백성의 생활을 안정시켰다. 순 임금은 그 공을 높이 사, 우를 후계자로 삼았다. 우가 왕위에 오르면서 하 왕조가 시작되었다.

이후 하 왕조는 대략 500년간 지속되었다고 한다. 그러나 사마천은 우 임금 다음부터 누가 죽은 후 누가 뒤를 이었다고만 간략히 쓰고, 걸(桀) 임금 때 멸망했다고만 간략히 서술하였다. 따라서 하 왕조의 자세한 실상을 알기는 매우 어렵게 되었는데, 이는 훗날 하 왕조의 실존 여부를 놓고 치열한 논쟁이 벌어지는 불씨를 남겼다.

얼리터우(二里頭) 유적이 발견되다

1959년 중국 고대사 학자 쉬서우성이 이끄는 발굴단은 허난 성 뤄양 인근에서 청동기 유적을 발견하였다. 이후 수십여 차례에 걸친 발굴이 행해져 많은 성과를 축적해나갔는데, 이곳이 바로 '얼리터우(二里頭) 유적'이다.

얼리터우 유적에서는 두 곳의 궁전 터가 발견되었다. 이는 지금까지 발견된 그 어떤 궁전 유적보다 오래된 것이라는 점에서 세간의 많은 관심을 모았다. 제1호 궁전 터는 사각형 모양으로 동서 108미터, 남북 100미터의 거대한 규모를 자랑했고, 그 내부에는 왕이 머무는 궁전을 비롯하여 여러 문과 회랑 등이 갖추어져 있었다. 북동쪽으로 150미터가량 떨어진 곳에서 제2호 궁전 터가 발견되었다.

얼리터우 유적에서는 각종 청동기도 함께 발굴되었다. 가장 유명한 것은 청동 술잔이다. 마치 새부리와 같은 모양을 하고 있다는 점이 흥미롭다. 당시는 청동이 매우 귀하던 시기였으므로

• 얼리터우 유적에서 발굴된 청동 술잔
종교적 권위를 갖춘 사람이 신이나 하늘에 제사를 지내는 용도로 사용한 것으로 추정된다.

이러한 술잔을 가질 수 있었던 사람은 극소수였을 것이다. 더욱이 실생활에서 사용하기는 매우 불편한 모양이었다는 점에서 신이나 하늘에 제사를 지내는 도구였던 것으로 여겨진다.

그렇다면 분명 이곳에는 수많은 사람을 통치하며 종교적 권위까지 갖춘 사람이 존재했을 것이다. 그렇다면 얼리터우 유적은 어떤 왕조와 관련된 것일까? 일각에서는 이곳을 하 왕조의 유적이라 추정하고 있다. 따라서 사마천이 『사기』에서 기록한 하 왕조는 실제로 존재했던 것으로 보아야 한다는 것이다.

한편, 얼리터우 유적이 하 왕조와 관련되었다고 보면서도 그중 일부는 상 왕조의 것이라고 보는 시각도 있다. 얼리터우 유적의 시기를 넷으로 나누었을 때, 제1기·제2기는 하 왕조, 제3기·제4기는 상 왕조라는 것이다. 이는 상 왕조가 하 왕조를 무너뜨리고 들어섰다는 문헌 기록을 염두에 둔 해석일 것이다.

그러나 얼리터우 유적이 하 왕조의 것이라 확실하게 말하기는 아직 이르다. 상 왕조의 갑골문에서 그 이전 왕조인 하 왕조와 관련한 기록이 없기 때문이다. 사실 이것은 매우 이상한 일인데, 보통 새로운 왕조가 들어서면 그 이전 왕조에 대한 부정적인 기록을 쏟아내는 것이 일반적이기 때문이다. 따라서 얼리터우 유적이 발굴되었음에도 하 왕조를 둘러싼 논쟁은 현재진행형이다.

03

상 왕조는 신정 국가였다

상(商, 또는 은殷이라고도 한다) 왕조가 국가를 운영해나간 모습은 상당히 흥미롭다. 상나라 사람들은 국가의 중요한 일은 신의 뜻을 물어 결정했는데, 이 과정에서 독특한 유물을 남기기도 했다. 상왕조가 이렇게 국가를 운영해나간 이유는 무엇이었을까?

탕 임금, 혁명에 성공하다

『사기』에 따르면 하 왕조는 걸 임금을 끝으로 멸망하였다. 이때가 대략 기원전 1600년경인데, 걸 임금은 말희라는 여인을 가까이하여 그녀의 말이라면 무엇이든지 들어주었다고 한다. 그러니 국정이 문란해지는 것은 당연한 일이었고, 오랫동안 하 왕조를 따르던 제후들도 하나둘 반기를 들기 시작했다.

이때 하 왕조를 무너뜨리고 새로운 상 왕조를 열었던 것이 탕 (재위: 기원전 1617~기원전 1588)이다. 그는 하 왕조에 등을 돌린 여러 제후를 이끌고 군사를 일으키며 다음과 같이 선언하였다.

> "하 왕조가 죄를 지었으니 나는 상제의 뜻이 두려워 하나라를 정
> 벌하지 않을 수 없다."
>
> －『사기』, 「본기」

여기서 탕은 자신이 군사를 일으킨 정당성을 하늘에서 찾고 있다. 본디 제후가 왕을 치는 것은 반역에 해당하는 것이므로 결코 옳은 행동이라 할 수 없다. 그러나 이러한 하극상이 용인되는 때가 있었으니, 그것은 바로 왕이 하늘의 명을 어기고 사사로이 통치하여 만백성이 도탄에 빠졌을 때이다. 이때는 제후가 하늘의 명을 받들어 왕을 치는 것이 정당하게 여겨졌는데, '혁명'이라는 말도 여기에서 유래한 것이다. 따라서 탕이 하 왕조를 무너뜨린 것은 중국 역사상 최초의 혁명이라 할 수 있겠다.

훗날 춘추전국 시대의 사상가 맹자도 탕의 행동을 정당한 것

이라 옹호한 바 있다. 이처럼 정당성을 잃은 권력은 결국 무너지게 마련이다.

갑골문의 비밀이 풀리다

19세기 말, 중국 마지막 왕조인 청이 바야흐로 멸망의 길로 접어들던 때이다. 허난성의 작은 마을에서 농민들이 밭을 갈던 도중 동물 뼈와 거북 껍질을 무더기로 발견했다. 여기에는 칼로 날카롭게 새긴 흔적도 남아 있었다. 이것이 가치 있는 물건임을 직감적으로 알아차린 몇몇 골동품 상인은 곳곳을 수소문하고 다녔다. 세상을 놀라게 할 갑골문은 이렇게 세상에 모습을 드러냈다.

당시 금석학자 왕이룽(王懿榮)은 갑골문을 가장 열심히 수집한 사람이었다. 그는 대대로 고위 관료를 배출한 명문가 출신이었는데, 갑골문을 사들이는 데는 돈을 아끼지 않아 무려 1,500편 이상을 수집하였다. 그러나 불행히도 왕이룽은 의화단 사건 때 8개국 연합군이 수도 베이징을 점령한 난리 통에 갑자기 세상을 뜨고 말았다.

류어(劉鶚)는 왕이룽이 남긴 것에 수천 편의 갑골문을 더하여 본격적인 연구에 착수했다. 오랜 노력 끝에 그는 갑골문이 상 왕조의 것임을 알아냈을 뿐만 아니라, 여기에 새겨진 몇몇 기호가 어떤 한자를 의미하는지를 판독해냈다.

마침내 1903년, 그는 그때까지 수집한 갑골문의 도록을 『철운장귀(鐵雲藏龜)』라는 책으로 출간하여 갑골문의 실체를 세상에 널리 알렸다. 갑골문 연구에 한 획을 그은 순간이었다. 이로써 갑골문의 비밀은 점차 풀리기 시작했다.

갑골문에는 상 왕조가 들어 있다

상나라 사람들이 남긴 갑골문은 대체 무엇이었을까? 그리고 그들은 왜 갑골문을 만들었던 것일까? 이런 의문을 풀기 위해서는 갑골문의 내용을 살펴볼 필요가 있는데, 이를 통해 상 왕조의 모습도 엿볼 수 있다.

갑골문은 거북 등딱지나 소의 다리뼈에 새긴 글자였다. '갑골(甲骨)'은 한자로 각각 거북 등딱지와 소의 다리뼈를 말한다. 여기에 글을 의미하는 '문(文)'을 붙여 갑골문이라 부른다. 즉 갑골에 새긴 것은 무의미한 기호가 아니라 분명 글이었다.

상 왕조는 국가의 중요한 일을 앞두고는 항상 점을 쳤다. 이들은 갑골에 구멍을 뚫거나 금을 그은 다음, 이를 불에 쬐며 큰 소리로 신에게 물음을 던졌다. 그러면 갑골이 쩍쩍 소리를 내며 갈라지기 시작하는데, 상나라 사람들은 갑골이 쪼개진 모양을 신

• 상 왕조의 갑골문
거북이 등딱지나 소의 다리뼈에 새긴 글자를 갑골문이라고 한다. 이를 통해 상 왕조의 통치 방식을 잘
알 수 있다.

의 응답으로 생각했다. 이후 갑골에는 신에게 물은 내용과 그 응답을 기록해두었는데, 이것이 갑골문이다.

오늘날까지 남아 있는 갑골의 수만큼이나 갑골문의 내용도 꽤나 다양하다. 그 가운데 몇 가지를 소개하자면 다음과 같다.

오늘 만약 왕이 사냥한다면 하루 종일 재앙이 없을 것이며, 그는 큰비를 만나지 않을 것이다.

-『갑골문합집』

지금까지 발견된 갑골문의 상당수는 날씨와 관련된 내용을 기록하고 있다. 상나라 사람들이 날씨를 상당히 중요하게 여겼고, 이것을 신의 뜻으로 생각했음을 알 수 있다. 또한 왕이 사냥하러 나가는 중요 행사에 비바람이 몰아치지는 않을지 노심초사했음도 알 수 있다.

그런데 실제 날씨가 점을 친 결과와 일치했을까? 슈퍼컴퓨터를 동원하고도 기상 관측에 애를 먹는 오늘날의 상황을 생각해 볼 때, 여기서 언급된 왕이 비를 맞지 않고 무사히 사냥을 끝낼 수 있었을지는 장담하기 어렵다.

그녀가 분만하는 것이 정사(丁巳)일이라면 좋을 것이다. 만약 경신(庚申)일이라면 길함이 연장될 것이다. 그러나 만일 임술(壬戌)이라면 불길할 것이다.

-『갑골문합집』

자, 여기서는 한 여성이 출산을 앞두고 있다. 그녀가 정사일,

제5장 중국 문명

또는 3일 후인 경신일에 아이를 낳는다면 이는 상당히 좋은 징조이다. 하지만 경신일을 이틀 지난 임술일에 출산한다면 이는 매우 불길한 징조인 것이다. 이처럼 상나라 사람들은 특정 날이 길한지 아니면 불길한지도 점을 쳐서 판단했다.

그런데 윗글에서 가리키는 '그녀'는 상 왕조 제22대 임금 무정 (재위: 기원전 1250~기원전 1192)의 부인이었다. 왕비가 아이를 출산하는 중대한 날의 길흉을 미리 판단해보는 것은 지극히 당연한 일이었다.

> 을묘일에 왕이 야영지에서 금을 만들어 점을 쳤다.
> "나는 '차(蒼)'를 밀어붙일 것인데, 내가 그들을 치는 것은 열 번째 달의 무신일에 행해져야 한다."
> 왕이 금을 읽고 말했다.
> "길하다."
>
> — 『영국 소장 갑골집』

여기서 상나라 왕은 군사를 이끌고 적을 치러 나온 상황이다. 아마 군대는 적과 멀지 않은 곳에 야영지를 구축했던 것 같다. 이러한 중차대한 일을 앞둔 왕이 한 일은 다름 아닌 점을 치는 것이었다.

　이번에는 왕이 직접 갑골에 금을 그은 후 자신이 출정하고자 하는 날이 길한지 아닌지를 점쳤다. 점을 친 결과 왕이 원하는 때에 적을 치는 것은 길하다는 답을 얻게 되었다.

　이처럼 상 왕조에서 갑골을 통해 점을 치는 것은 매우 일상적인 일이었다. 상나라 사람들은 점을 친 결과에 따라 행동했는데, 이를 신의 뜻이라고 여겼기 때문이다. 이렇게 국가의 중요한 일을 점을 쳐 결정하는 것을 가리켜 신정 정치라 부른다. 신정 정치는 메소포타미아나 이집트 문명에서도 행해진 바 있다. 그러나 상 왕조의 신정 정치는 점을 치고 그 결과를 갑골문으로 남겼다는 점에서 상당히 체계적이었다고 할 수 있다.

신비로운 은허 유적

　여기 상 왕조가 존재했음을 고고학적으로 증명해주는 유적이 하나 있다. 바로 상 왕조의 후기 수도인 '은허(殷墟) 유적'이다. 이곳은 상 왕조의 발달된 청동기 문화를 그대로 보여준다는 점에서 많은 사람의 관심을 끌었다. 은허 유적을 통해 상 왕조의 모습을 좀 더 입체적으로 그려보도록 하자.

　은허 유적에서는 왕궁과 종교 시설의 흔적이 발견되었다. 아

• **은허 유적에서 발견된 방정**
　지금까지 발견된 것 중에서 가장 큰 방정으로 높이 133센티미터, 무게 832킬로그램에 달한다.

　마도 이곳에서 왕이 신정 정치를 펼쳐나갔을 것이다. 왕의 무덤으로 보이는 거대한 묘도 여럿 발견되었다. 여기에는 왕뿐만 아니라 그를 모시던 첩과 시종들도 함께 매장되었다. 이른바 순장 (殉葬)이 이루어진 것이다. 각종 청동기와 옥기도 함께 묻었던 것으로 볼 때 상나라 사람들은 왕이 죽은 후에도 편안한 생활을 누릴 수 있도록 해야 한다고 생각했던 것 같다.

　은허 유적에서 출토된 가장 유명한 유물은 네발 달린 청동 솥이다. 네모난 모양을 하고 있기 때문에 '방정(方鼎)'이라고도 불린다. 이것은 제사 의식을 치르는 데 이용되었으리라 여겨진다. 당시 매우 귀했던 청동을 아낌없이 쏟아부어 이렇게 거대한 솥을 만들 수 있었던 것은 왕뿐이었을 것이다.

흥미로운 사실은, 은허 유적에서 발견된 청동기 유물의 대부분이 방정과 같은 제사용 도구였다는 것이다. 그것도 술이나 음식을 담는 그릇에서부터 음악을 연주하는 악기까지 매우 다양하다. 이는 한반도의 청동기 유적에서 비파형 동검과 같은 무기류가 주로 출토되는 것과는 대조적이다. 그만큼 상 왕조에서는 신에게 제사를 지낸다는 것이 매우 중요한 일이었음을 알 수 있다.

양쯔강 유역에도 청동기 문화가 존재했다

하 왕조와 상 왕조는 모두 황허강 유역에서 생겨났다. 그래서 중국 일대에서 생겨난 문명을 통틀어 황허 문명이라 부르기도 한다. 그러나 황허 문명이라는 말은 중국 전체의 문명을 포괄하지는 못한다. 최근까지의 고고학적 발굴 성과를 통해 황허강 외의 지역에서도 다양한 청동기 문화가 존재했음이 밝혀졌기 때문이다.

이를 잘 보여주는 것이 양쯔강 상류에서 발견된 '싼싱두이(三

• 싼싱두이 유적에서 발견된 청동 종목면구

이 거대한 가면은 눈이 툭 튀어나와 있는 것이 특징이다.

星堆) 유적'이다. 1929년 쓰촨성에서 땅을 파던 농부가 우연히 옥기를 몇 점 발견했다. 이로 인해 이곳에 대한 관심이 높아졌지만 한동안 체계적인 발굴은 이뤄지지 못했다. 결국 1986년에 가서야 이곳 유적에 대한 탐사가 결실을 맺어 싼싱두이 유적의 실체가 확인되기 시작했다.

싼싱두이 유적에서 발견된 청동기는 황허강 유역을 중심으로 발전한 상나라의 것과는 상당히 달랐다. 이로써 중국 각지에서 여러 청동기 문화가 발전했을 것이라는 가설이 설득력을 얻기 시작했다.

따라서 '황허 문명'이라는 표현은 중국 전체의 청동기 문화를 포괄하기에 적절하지 않게 되었고, 점차 '중국 문명'이라는 표현으로 대체되고 있다.

상 왕조가 멸망하다

상 왕조가 멸망한 것은 기원전 1046년이었다. 아무 이유 없이 갑자기 멸망한 왕조는 없다. 무릇 하나의 왕조가 멸망할 때는 반드시 그 징조가 있게 마련이다. 상 왕조가 바로 그랬다. 그런데 상 왕조의 마지막 임금인 주(재위: 기원전 1075~기원전 1046)는 총명하고 말재주가 뛰어났으며 힘이 셌다고 한다. 이렇게 뛰어난 자질을 가진 왕이 어째서 나라를 멸망으로 이끌었을까? 이에 대해 사마천은 다음과 같이 기록하고 있다.

그는 술과 음악을 지나치게 즐겼다. 여색도 대단히 밝혔다. 특히 달기를 총애했다. 그녀의 말은 무엇이든 들어주었다. ……세금을 무겁게 매겼고…… 사방에서 개와 말, 기이한 애완물을 두루 수집해 궁궐을 가득 채웠다. ……술로 연못을 만들고, 고기를 나무에 빽빽이 매달아놓고 밤이 새도록 음주가무를 질탕하게 즐겼다.

– 『사기 상』, 「본기」

이른바 '주지육림(酒池肉林)'이라는 말이 여기서 유래했다. 사마천은 '옛일을 담담히 서술하되 새로 지어내지는 않는다'는 '술이부작(述而不作)'의 원칙을 고집한 것으로 유명한 인물이다. 따라서 사마천이 '술이 연못을 이루고, 고기가 숲을 이룰 정도였다'는 표현을 쓸 정도였다면 주왕이 열었던 연회는 어마어마한 규모였던 것 같다.

주왕이 정사를 돌보지 않자 많은 제후가 등을 돌리기 시작하였고, 주(周)나라가 새롭게 떠오르기 시작했다. 주나라의 무왕(재위: 기원전 1046~기원전 1043)은 군대를 이끌고 상의 수도로 진격하여 주왕을 죽였다. 이렇게 상 왕조는 멸망하고 말았다.

그러나 상 왕조의 멸망을 슬퍼하는 백성은 없었다. 주왕의 폭정에 신음하던 백성은 새로운 주 왕조의 개창에 환호했다. 자고로 '민심은 천심'이라는 말이 있다. 백성의 마음을 잃는 것은 곧 하늘로부터 버림받는 것, 만고불변의 진리이다.

04

주 왕조가 새로운 통치 원리를 만들다

주(周) 왕조는 후대의 사람들에게 많은 영향을 미쳤던 나라이다. 특히 주 왕조의 국가 통치 제도는 가장 이상적인 것으로 여겨졌다. 이토록 많은 사람들이 주 왕조의 시대를 그리워했던 이유는 무엇일까?

주 왕조가 세워지다

상 왕조가 번영을 누리고 있을 무렵, 서쪽 지역에는 상으로부터 제후국으로 임명된 주나라가 있었다. 주나라가 상 왕조에 대적할 만큼 성장한 것은 문왕 때부터이다. 문왕은 어려서부터 총명하고 영리했다. 왕이 된 후에는 어진 정치를 펴 민심을 얻었고, 농업과 상업을 장려하여 국력을 키웠다.

그런 문왕에게 큰 위기가 찾아왔다. 주나라의 성장에 불안감을 느낀 상나라의 주왕이 문왕을 잡아들여 가둔 것이다. 주왕은 포악한 자였으므로 문왕의 목숨은 바람 앞의 등불 신세였다. 이 소식을 들은 문왕의 장남 백읍고는 아버지를 구하기 위해 공물을 잔뜩 싸들고 가 주왕의 환심을 사려 했다.

그러자 주왕은 백읍고를 처참하게 살해하여 그의 시신으로 떡을 만드는 엽기적인 만행을 저질렀고, 여기에 한술 더 떠 문왕에게 이를 먹게 했다. 문왕은 이 모든 사실을 다 알고 있었지만, 모른 척하며 떡을 다 먹었다. 만약 먹지 않는다면 그 역시 아들과 똑같은 신세가 될 것이 뻔했기 때문이다. 아무렇지 않게 떡을 먹는 문왕의 모습을 본 주왕은 그를 변변치 않은 인물이라 여기고 풀어주었다. 문왕은 주왕으로부터 벗어나 멀리까지 온 후에야 비로소 자신이 먹은 떡을 모두 토해내고는 땅을 치며 슬퍼했다고 한다.

문왕은 자신을 위해 목숨을 잃은 아들을 생각해서라도 이대로 주저앉을 수는 없었다. 주변의 여러 세력을 복속시켜 국력을 더욱 키웠다. 그리고 뛰어난 인재를 폭넓게 등용하여 그들의 의견을 국정에 적극 반영했다. 어느덧, 문왕이 이끄는 주나라는 상을 대적할 만큼 성장했다. 그러나 호사다마라 했던가. 이제 곧 상나라를 치려는 때, 문왕은 큰 병을 얻어 세상을 뜨고 말았다.

문왕의 뒤를 이은 무왕은 아버지가 미처 이루지 못한 대업을 완수하기 위해 곧장 군대를 일으켜 상나라로 진격하였다. 사태의 심각성을 깨달은 주왕은 황급히 군대를 끌어모아 무왕에 대항했으나 이미 민심은 무왕 편이었다. 주왕을 위해 목숨 바쳐 싸울 병사는 없었다. 결국 주왕의 군대는 제대로 된 저항도 못한 채 뿔뿔이 흩어져버렸다. 주왕은 스스로 목숨을 끊었고, 상나라는 멸망하였다.

이로써 무왕은 새로운 천하의 주인이 되었다. 비록 무왕 역시 상나라를 멸망시킨 불과 몇 년 만에 병으로 세상을 떠났지만, 그가 이룬 대업은 주 왕조가 몇백 년을 이어나갈 수 있는 밑거름이 되었다.

화려한 조연, 강태공과 주공

주나라의 건국에 있어 문왕과 무왕 못지않게 큰 역할을 한 인물이 있다. 바로 강태공, 다른 말로는 태공망이라고도 한다. 강태공이 있었기에 문왕과 무왕도 빛날 수 있었다.

한편, 무왕이 죽은 후 주나라를 반석 위에 올려놓은 인물이 있었으니, 이는 바로 주공이었다. 주공은 주나라의 통치 제도를 마련하는 데 핵심적인 역할을 했다. 강태공과 주공, 이들은 주연 못지않은 화려한 조연이었다.

강태공은 몰락한 가문 출신이었다. 그는 젊었을 때 생계유지를 위해 도살업·장사 등 해보지 않은 일이 없었다. 이런 그를 주변 사람들도 변변찮은 인물로 여겼다. 그러나 강태공은 자신의 능력을 믿었다. 그래서 푸른 강물에 낚싯대를 드리운 채 누군가 자신을 불러줄 때를 기다렸다. 마침내 문왕이 인재를 찾아 떠돌던 중 강태공의 비범함을 알아보고 그를 재상으로 임명했다. 강태공은 무작정 기다린 것이 아니었다. 지금은 기다려야 할 때라는 것을 알았기 때문에 기다린 것이었다.

드디어 자신의 능력을 펼 수 있게 된 강태공. 그는 문왕을 도와 군대를 키웠고, 문왕이 죽은 후에는 무왕을 도와 상나라를 쳤다. 그런데 무왕의 군대가 출정하려 할 때 백이와 숙제라는 두 사람이 앞을 막으며 상나라를 치는 것은 옳지 않다고 주장하였다. 무왕과 그 주변에 있던 사람들은 이들을 무례하다고 여겨 죽이려 하였다. 그러나 강태공은 이를 만류했다. 백이와 숙제는 자신들의 신념을 용감히 밝힌 의로운 인물이라 여겼기 때문이다. 큰 일을 앞둔 상황에서 불필요하게 피를 흘릴 필요도 없었다.

이처럼 강태공의 판단력은 특출 났다. 그런 강태공이 지은『육도삼략(六韜三略)』은 중국 최고의 병법서라 평가받는다. 여기에는 그가 문왕·무왕과 함께 동고동락한 경험도 잘 반영되어 있다.

주공은 문왕의 아들이자 무왕의 동생이었다. 무왕이 상 왕조를 무너뜨리고 2년 만에 세상을 떠나자 그의 아들 성왕(재위: 기원전 1043~기원전 1021)이 열세 살의 어린 나이로 즉위했다. 어린 조카가 왕이 되어 새롭게 개창된 주 왕조를 이끌어가는 것은 무척이나 어려운 일이었다. 이에 주공은 조카인 성왕을 곁에서 보필하며 정치를 펴나갔다.

이때 주공의 동생이었던 관숙과 채숙이 반란을 일으켰다. 이들은 주공이 조카를 돕는다는 것은 핑계일 뿐, 결국 권력에 욕심이 있을 것이라 의심했다. 관숙과 채숙의 군대는 상 왕조의 유민까지 끌어들여 그 위세가 제법 당당했다.

주공은 즉시 군대를 일으켜 이들을 토벌하고 동쪽까지 원정하여 나라의 영역을 크게 넓혔다. 이후 주공은 봉건제를 실시하고, 정치·예법 등 다양한 제도를 창시하여 주 왕조의 기틀을 확고히 하였다.

이렇게 주공은 7년간 성왕을 성심성의껏 보필했고, 성왕이 스무 살이 되자 모든 권력을 돌려주었다. 그야말로 주공은 주 왕조를 위해 헌신한 정치가였다.

주 왕조, 봉건제를 마련하다

관숙과 채숙의 난은 주 왕조로 하여금 새로운 통치 원리를 만들어낼 필요성을 느끼게 했다. 비록 주 왕조가 상나라를 무너뜨리긴 했지만, 중국 대륙 전체를 직접 지배하에 두는 것은 불가능에 가까운 일이었다. 현실적으로 주 왕실의 지배력이 강력히 미치는 범위도 그다지 넓지 않았다.

이에 당시 주나라의 실권자였던 주공은 왕이 수도 인근을 통치하고 지방에는 왕족이나 공신을 제후로 임명하여 독자적으로 다스리도록 하는 봉건제를 도입했다. 과연 주의 봉건제는 어떤 점에서 새로운 통치 원리라고 이야기할 수 있을까?

주 왕조가 실시한 봉건제의 가장 큰 특징은 왕과 제후가 혈연 관계에 놓여 있었다는 점이다. "피는 물보다 진하다"라는 말이 있다. 아무래도 생판 모르는 남보다는 가족과 친척이 믿을 만하다고 여겼던 것이다. 이로써 중앙과 지방의 관계는 다소 돈독해질 수 있었다. 각지의 제후는 해마다 주 왕실에서 주관하는 제사 의식에 참여하여 일정한 공물을 바쳤고, 때로는 군대를 보내 왕

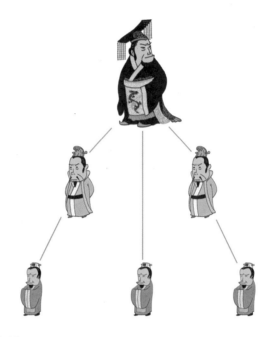

• 주 왕조의 봉건제
주 왕조는 왕이 수도 인근을 통치하고, 지방은 왕족이나 공신에게 땅을 나누어주어 독립적으로 다스리
도록 했다.

을 돕기도 하였다.

　주의 봉건제를 지탱하는 또 다른 기둥은 종법 제도였다. 종법 제도는 적장자 상속을 원칙으로 하는 친족 제도이다. 이에 따라 주 왕조의 왕은 대대로 적장자가 상속하여 천하의 종가가 되고, 각지의 제후는 그 아래에 속하게 되었다. 그리고 각 제후국 안에서도 왕의 자리는 대대로 적장자가 이어가고, 나머지 형제들은

제5장 중국 문명

경·대부·사(卿·大夫·士)로 임명되어 제후왕을 보좌하게 됐다. 이렇게 되면 원칙적으로 천하가 모두 한 가족이었다.

또한 주나라의 왕은 자신을 하늘의 명을 받들어 천하를 통치하는 존재라 여겼다. 그래서 왕을 '하늘의 아들'이라는 의미에서 '천자(天子)'라고도 불렀다. 이제 그 누구도 왕을 함부로 폐위시킬 수 없었다. 왜냐하면 왕은 다른 누구도 아닌, 바로 하늘로부터 인정을 받은 통치자이기 때문이었다. 물론 주나라의 왕도 천명을 잃지 않기 위해 나름의 노력을 기울였다.

이처럼 주나라의 봉건제는 이론상으로는 오랫동안 왕실을 지탱할 수 있는 새로운 통치 방식이었다. 그러나 항상 이론은 이론일 뿐, 현실과는 어느 정도 차이가 있게 마련이다. 시간이 갈수록 주의 봉건제는 점차 흔들리기 시작했는데, 그 이유에 대해 좀 더 살펴보도록 하자.

주나라의 왕실로부터 제후로 임명된 사람은 원칙상 자신이 맡은 지역을 독자적으로 다스릴 수 있었다. 다시 말해, 최소한 자기가 다스리는 곳에서는 왕이나 다를 바 없었다. 그리고 이러한 통치권은 대부분 세습되어 하나의 가문이 대대로 이어갔다.

그런데 시간이 지날수록 주나라의 왕과 제후 사이의 혈연관계는 점차 멀어졌다. 처음에는 동생이나 사촌·조카를 제후로 삼겠지만 그다음 대에 접어들면 왕과 제후의 혈연관계는 좀 더 멀어지게 된다. 이것을 몇 차례 반복하면 왕과 제후는 사실상 남남 사이나 다름없어지는 것이다.

이제 제후들이 주나라 왕실의 권위를 인정할 이유가 없어졌기 때문에 주나라의 봉건제는 그 역할을 제대로 해낼 수 없었다. 이후 대부분의 왕조들은 주 왕조의 사례를 거울삼아 봉건제를 채택하지 않으려 했다. 현대 중국 역시 지방분권형 정치제도의 도입에 무척이나 소극적인데, 이 역시 역사적 경험에 따른 것이다.

주의 정전제는 이상적인 토지 제도였다

전통 사회에서 대부분의 사람은 농업에 종사하였다. 농사를 짓는다는 것은 생각보다 매우 고된 일이지만, 농사를 짓지 않고서는 가족이 먹고살 만큼의 식량을 구하기 어려웠기 때문이다. 따라서 이 시기 농업은 선택이 아니라 필수였다. 그런데 농사를 짓기 위해 반드시 필요한 것이 있었으니, 바로 땅이었다. 땅이 있어야 씨를 뿌리는 것도, 수확하는 것도 가능했다. 그러다보니 땅에 대한 수요는 높았고, 권력이나 경제력을 가진 사람은 항상 땅을 독점하려 했다. 주 왕조가 들어선 후에도 이러한 상황은 마찬가지였다. 이에 주공은 '정전제(井田制)'를 정비했다.

정전제는 농민에게 땅을 나눠 주는 것을 주요 골자로 하는 제도이다. 그러면 이때 땅은 어떻게 나눠 주는 것일까? 그 해답은 '정전제'란 말에 들어 있다. '정전제'에서 '정'은 한자로 우물 정(井)을 쓴다. 井의 외곽을 따라 선을 그어 사각형을 만들어보자. 그러면 외곽에 여덟 개의 작은 사각형, 가운데에 하나의 작은 사각형이 만들어진다. 여덟 가구가 외곽의 작은 사각형 모양의 땅을 하나씩 나눠 갖고, 가운데 사각형 모양의 땅을 함께 경작하여 그 생산물을 세금으로 내도록 하는 것이 정전제의 운영 방식이었다.

주나라 때 정전제가 정말 실시되었는지에 대해서는 아직까지도 의견이 엇갈리고 있다. 중요한 점은, 주나라의 정전제는 존재 여부와는 상관없이 후대 사람들에게 이상적인 토지 제도로 여겨졌다는 것이다. 춘추전국 시대의 사상가 맹자는 주나라의 정전제를 실시하여 천하의 혼란을 바로잡을 것을 주장했고, 한(漢)을 찬탈해 신(新)을 세운 왕망은 이와 유사한 '왕전제(王田制)'를 실시한 바 있으며, 북위에서 시작되어 수·당까지 이어진 '균전제(均田制)'도 정전제와 같은 원리에서 나온 것이다.

심지어 주나라의 정전제는 바다 건너 우리나라에도 영향을 주었다. 조선 후기 실학자 정약용이 정전제의 시행을 주장했음은 잘 알려져 있다. 그런데 정약용은 우리나라에서 정전제를 그대로 실시하기는 어렵다는 것을 알고 있었다. 우리나라에는 산과 강이 많아 井의 모양대로 땅을 구획하는 것이 어렵기 때문이었다. 이에 정약용은 주나라의 정전제를 우리 실정에 맞게 변형하여, 井의 모양이 나오기 어려운 곳에서는 좀 떨어진 곳의 땅을 면적에 맞추어주자고 주장했다.

이처럼 주나라의 정전제는 동아시아 사회에서 이상적인 토지제도로 인식되었음을 알 수 있다. 전통 사회에서도 일부 세력이 토지를 독점하여 나머지가 토지를 잃은 채 살아가는 것보다는, 모두가 더불어 살아가는 것을 바람직한 일로 여겼던 것이다. 오늘날 빈부격차가 갈수록 커져가는 우리 사회가 고민해보아야 할 문제일지도 모른다.

주 왕조는 여러 유물과 유적을 남겼다

이제 주 왕조가 남긴 여러 유물과 유적을 살펴보며 주에 대한 이야기를 마무리하고자 한다. 주 왕조는 상나라의 찬란한 청동기 문화를 이어받았을 뿐만 아니라, 여기에 자신만의 색채를 더하여 독특한 문화를 발전시켜나갔다.

주 왕조의 발상지는 주원(周原: 지금의 치산 인근)이라 불리는 곳이

· **모공정**
표면에 수많은 글자가 정교하게 새겨져 있다.

다. 주원은 훗날 주 왕조가 견융의 침입을 받아 낙읍(洛邑: 지금의 뤄양 인근)으로 쫓겨 가기 전까지 수도의 역할을 담당하였다. 그러다 보니 오래전부터 이곳에서는 주 왕조의 유물이 심심치 않게 발견되었고, 1970년대 대대적인 발굴이 이루어지면서는 그 양이 비약적으로 늘어났다. 그 밖의 지역에서도 여러 제후국의 흔적이 속속 발견되어 이 시기 상황을 간접적으로 보여주고 있다.

주나라의 여러 유물 중에서도 가장 눈에 띄는 것은 각종 청동 도구이다. 그중 모공정(毛公鼎)이라 불리는 솥에는 그 어떤 청동기보다도 많은 글자가 새겨져 있다. 무려 497자에 달하는 명문에는 주나라의 왕이 숙부 모공(毛公)에게 국가의 크고 작은 일을 처리하고 정치 기강을 바로잡아줄 것을 부탁하는 내용이 새겨져 있는데, 그 문체가 뛰어나 오늘날의 학자들도 찬사를 보낼 정도이다. 한편 대극정(大克鼎)이라는 솥은 압도적 크기와 무게를 자랑하는데, 높이가 거의 1미터에 달하고 무게는 200킬로그램이 넘는다. 이 솥은 극(克)이라는 이름을 가진 귀족이 자신의 조부를 위해 제사를 지내며 만든 것이라 한다. 마지막으로 장반(墻盤)이라 불리는 쟁반도 있다. 여기에는 주나라의 여러 왕을 찬양하는 내용이 새겨져 있어, 이 시기 역사 연구에 중요한 자료가 되고 있다.

이들 청동 도구는 주로 제사 의식을 위해 만들어졌다는 공통점을 갖는다. 그렇다면 주 왕조 역시 상나라와 마찬가지로 제사를 중시했음을 알 수 있다. 실제 주 왕조도 갑골을 통해 점을 치고 이를 기록으로 남겼다. 다만 주나라 사람들은 상 왕조 때처럼 주술에 의존하기보다는 합리적 이성을 통해 세상을 바라보려고 노력했던 것으로 알려져 있다. 이후 중국인의 사고방식은 점차 합리성을 띠는 방향으로 나아갔다.

주 왕조의 유적은 그 흔적만 쓸쓸히 남아 있는 경우가 많지만 그나마 원형을 잘 유지하고 있는 것은 수레를 말과 함께 순장한 차마갱(車馬坑)이다. 당시 중국에서 수레는 왕이나 귀족의 전유물이었는데, 주로 전쟁에 사용되었다. 전투가 벌어지면 양측의 수레가 도열하여 접전을 벌이게 되는데, 전열이 흐트러지는 쪽이 패배한 것으로 간주되었다. 우리가 흔히 알고 있는 것처럼 수많은 보병이 창칼을 들고 싸우는 모습은 나중의 전국 시대에나 나타난 모습이다. 이 때문에 왕이나 귀족의 무덤에는 말과 수레가 함께 순장된 것으로 보인다. 오늘날의 관점에서 보면 다소 참혹한 광경일 수도 있겠지만, 당시 귀족에게는 지극히 당연한 일이었다.

사마천의 『사기』를 빼놓고는 중국 고대사를 논할 수 없다

한 대의 역사가 사마천은 『사기』로 유명하다. 그는 아버지 사마담의 유언에 따라 역사서를 집필하기 시작하였는데, 세상의 지식에 두루 능통하고 뛰어난 문장력을 지닌 그에게는 딱 맞는 일이었다.

그러나 사마천은 무제의 눈 밖에 나며 일생일대의 시련을 겪게 된다. 당시 한은 흉노를 치는 데 국력을 집중하고 있었다. 이런 상황에서 한 군대를 이끌었던 장수 이릉이 흉노에게 투항하자 많은 사람들은 그를 비난했고, 무제 또한 그의 가족을 몰살하려 하였다. 이때 이릉을 변호하고 나선 것이 바로 사마천이었다.

"이릉은 적은 군사를 이끌고 흉노와 용감히 싸운 장군이옵니다. 그를 처벌하는 것은 옳지 않습니다."

그러나 무제는 화를 벌컥 내며 도리어 사마천을 옥에 가두었다. 그리고는 반역자를 옹호한 죄로 죽음을 택하든지, 아니면 성기를 절단하는 궁형을 택할 것을 강요하였다. 사마천은 고민에 고민을 거듭한 끝에 후자를 택했다. 아버지의 유언을 못다 이룬 채 죽을 수는 없는 일이었다.

사마천이 쓴 『사기』는 기전체로 구성되어 있다. 왕에 대한 기록을 「본기」에 실었고, 각종 인물에 대한 이야기를 「열전」에 실었다. 그는 궁중에 소장된 여러 서적을 탐독하여 정보를 수집하였을 뿐만 아니라, 이와 관련된 비석이나 그림까지 확인하여 정확성을 기하였다. 그런가 하면 자신의 주관적 생각을 가감 없이 드러내기도 하였다. 인물에 대한 평가를 적나라하게 제시하거나 무엇이 옳고 그른지를 논하기도 하였다. 그의 붓끝으로 하·상·주, 그리고 진·한 초기까지가 두루 서술되었다.

이러한 사마천의 역사 서술 방식은 이후 중국 역사서의 주요 편찬 방식으로 자리 잡았다. 기전체는 우리나라에까지 영향을 주었는데, 고려 시대 김부식이 쓴 『삼국사기』 역시 기전체로 작성된 것이다.

중국 고대 왕조는
악녀 때문에 멸망한 것일까?

주 무왕은 상나라를 치러 가며 "암탉이 울면 집안이 망한다"고
말했다.

달기에 빠져 국정을 돌보지 않은 주왕을 비난한 것이다. 그러
고 보면 중국 고대 왕조가 멸망할 때는 항상 왕의 마음을 빼앗은
여인이 있었다. 하 왕조에는 말희, 주 왕조에는 포사가 있었다.
이들은 흔히 '경국지색(傾國之色)'이라 불리는데, 나라를 멸망으로
이끌 정도로 아름다운 여인이라는 뜻이다.

그렇다면 우리는 중국 고대 왕조의 멸망 원인을 몇몇 악녀의
탓으로 돌려야 하는가? 그렇게만 볼 수는 없을 듯하다. 설령 왕
이 애첩에 빠져 정치를 돌보지 않았다 하더라도 그것은 왕의 잘
못인가, 아니면 애첩의 잘못인가? 고대 국가의 최고 통치자는
왕이었다. 왕은 법 위에 존재했고, 그가 곧 국가였다. 이러한 막

• 하 왕조 걸왕의 애첩이었던 말희
그동안 하 왕조를 비롯한 중국 고대 왕조의 멸망은 악녀가 있었기 때문이라고 여겨져왔다.

중한 책임을 지고 있는 왕이 국가 통치를 게을리하고 애첩에 빠져 있었다면 그 과실은 매우 크다.

그리고 하·상·주의 세 왕조가 모두 여자 때문에 멸망한 것은 실제의 역사적 사실이었을까, 아니면 후대의 역사가들이 그렇게 몰아간 것이었을까? 고대 중국에서 여성에 대한 시선은 매우 부정적이었다. 그러다보니 중국 고대 왕조 말기에 나타난 정치적 혼란을 그녀들과 연관지어 생각하게 되는 것이 자연스러웠을 가능성도 있다.

더욱이 역사는 몇몇 인물에 의해서만 설명될 수 있는 것이 아니다. 왕조의 개창과 멸망은 역사의 구조 속에서 나타나는 현상이다. 물론 우리에게는 영웅이나 악당과 관련된 이야기가 훨씬 흥미롭다. 그러나 그것을 그대로 역사적 사실이라 믿는 것은 지나치게 순진한 생각이라 하지 않을 수 없다.

문명은 우리 스스로가 만들어가는 것이다

구석기 시대의 인류는 주먹도끼 하나로 동물을 사냥하면서 생존했다. 신석기 시대에 들어서야 비로소 농경이 시작되었다고는 하지만 먹을거리가 부족한 것은 여전했다. 힘이 세고 머리가 좋은 사람이라 하더라도 배고픔에서 벗어날 수 없었고, 다른 사람과의 협력 없이는 기본적인 생존 자체가 불가능했다. 따라서 이때까지는 모두가 평등했다.

문명의 탄생은 인류의 생활 모습을 크게 바꾸어놓았다. 큰 강을 이용한 농경은 식량 생산을 비약적으로 증가시켰고, 금속 도구의 사용은 생활의 편리함을 더해주었다. 문자가 발명돼 각종 지식을 기록할 수도 있게 되었다. 이 시기 생겨난 도시는 문명 발달을 상징적으로 보여주는 곳이었다.

그러나 모든 사람들이 문명의 혜택을 보았던 것은 아니다. 문명의 빛이 찬란했던 만큼 드리워진 그림자도 짙었다. 국가 간의 치열한 전쟁이 벌어져 수많은 인명이 살상되었고, 계급의 발생으로 인해 불평등 사회가 가속화되었다. 영원히 발전을 지속할 것 같았던 세계 각지의 문명은 시나브로 가라앉는 배처럼 몰락해가기도 했다.

이와 관련하여 영국의 역사가 토인비(Arnold Joseph Toynbee)는 문명을 '도전'과 '응전'의 개념으로 설명하였다. 메소포타미아·이집트·인도·중국 등 큰 강 유역에서 발생한 문명은 자연의 '도전'에 적절히 '응전'해냈기 때문에 성공적으로 발전해나갈 수 있었다는 것이다. 그러나 점차 '도전'에 대한 '응전'에 실패하면 문명은 몰락하고 마는 것이다. 실제로, 고대 문명의 역사는 이를 여실히 보여주고 있다.

그렇다면 현대를 살아가고 있는 우리는 문명을 어떻게 가꾸어나가야 할 것인가? 정답은 없다. 그러나 확실한 것은, 우리의 선택이 문명의 운명을 좌우한다는 것이다.

현재 지구는 계속해서 인류에게 경고의 메시지를 보내고 있다. 무분별한 개발은 파멸을 초래할 것이라고. 지금도 지구 곳곳에는 인류 전체의 삶을 송두리째 파괴할 만한 핵무기, 그로 인한 전쟁의 위험이 도사리고 있다. 지금껏 인류의 문명은 위기 아닌 적이 없었고, 현재도 위기를 겪고 있으며, 앞으로도 계속해서 위기가 찾아올 것이다.

그렇다면 우리는 어떤 선택을 해야 할 것인가?

참고도서

1. 국내서적

박지명 · 이서경 주해, 『베다』, 동문선, 2010.

윤일구, 『함무라비 법전』, 한국학술정보, 2015.

2. 번역서적

곤도 히데오, 양억관 옮김, 『문명의 기둥』, 푸른숲, 1997.

노블쿠르, 크리스티안 데로슈, 성귀수 옮김, 『하트셉수트』, 아침나라, 2004.

브란다우, 비르기트 · 쉬케르트, 하르트무트, 장혜경 옮김, 『히타이트』, 중앙M
&B, 2002.

사마천, 신동준 옮김, 『사기 본기』, 위즈덤하우스, 2015.

자크, 크리스티앙, 임헌 옮김, 『위대한 파라오의 이집트』, 예술시대,19 97.

차일드, 고든, 김성태 · 이경미 옮김, 『신석기 혁명과 도시혁명』, 주류성, 2013.

카터, 하워드, 김훈 옮김, 『투탕카멘의 무덤』, 해냄, 2004.

키틀리, 데이비드 N., 민후기 옮김, 『갑골의 세계』, 학연문화사, 2008.

연표

시기	내용
기원전 3500년	메소포타미아 문명 발생.
3000년	이집트 문명 발생.
2500년	인도 문명 발생.
	중국 문명 발생.
2070년	하 왕조 개창. .
1792년	함무라비 왕 즉위.
1600년	상 왕조 개창.
1503년	하트셉수트 즉위.
1500년	아리아인의 인도 이주.
1303년	람세스 2세 즉위.
1286년	카데시 전투.
1046년	주 왕조 개창.
1000년	아리아인의 갠지스강 유역 개척.

생각하는 힘-세계사컬렉션 02

고대문명의 탄생
문명의 뿌리를 찾아서

펴낸날	**초판 1쇄 2018년 5월 15일**

지은이	**정동연**
펴낸이	**심만수**
펴낸곳	**(주)살림출판사**
출판등록	**1989년 11월 1일 제9-210호**

주소	**경기도 파주시 광인사길 30**
전화	**031-955-1350**　팩스　**031-624-1356**
홈페이지	**http://www.sallimbooks.com**
이메일	**book@sallimbooks.com**

ISBN	**978-89-522-3845-0 04900**
	978-89-522-3910-5 04900(세트)

※ 값은 뒤표지에 있습니다.
※ 잘못 만들어진 책은 구입하신 서점에서 바꾸어 드립니다.
※ 각각의 그림에 대한 저작권을 찾아보았지만, 찾아지지 못한 그림은
   저작권자를 알려주시면 그에 맞는 대가를 지불하겠습니다.

이 도서의 국립중앙도서관 출판예정도서목록(CIP)은 서지정보유통지원시스템 홈페이지
(http://seoji.nl.go.kr)와 국가자료종합목록시스템(http://www.nl.go.kr/kolisnet)에서
이용하실 수 있습니다.(CIP제어번호: CIP2018004657)

책임편집·교정교열 **서상미 김지은**　지도 일러스트 **임근선**